MIZUKAMI NOTE

水上ノート

東大No.1頭脳が作った
究極の「知力アップ」テキスト

The ultimate "Intelligence Up"
text created by
the University of Tokyo
No.1 brain

水上颯
Sou Mizukami

KADOKAWA

はじめに

「知識」それは僕のすべての核になっているもの

　みなさん、こんにちは。水上颯です。

　クイズ番組はいつも、観ている私たちを楽しませてくれます。僕は高校生のとき、うっかり出る側にも回ってしまいました。クイズ研究会に参加し、競技としてクイズを始めたのです。

　もともと争い事は好きではないのですが、東京大学クイズ研究会に入会すると、本気で勝つためのクイズをやろうと決め、クイズの勉強を始めました。

　それがクイズを「勉強」するようになったきっかけです。

　しかし、勉強といっても参考書があるわけでもなく、先生がいるわけでもありません。これだけクイズが広まってきた現在でも、どのような考え方でクイズに向かい合うのか、またクイズの傾向やポイントなどを教えてくれる教科書も先生もいません。

　早押しクイズのコツや知識は、クイズ研究会という閉じた世界の中に入れこまれていて、一般の人がクイズ王になろうとするならば、その勉強方法は、まだまだ闇の中。

　僕自身もクイズを始めた頃は、どのように勉強していいのかわ

からず、ひとり手探り状態でした。

　その頃、クイズに役立つ本があればいいなと思ったのが、この本を出そうと思ったきっかけです。

　最近、ではテレビでもクイズ番組が人気で、僕たちのようなクイズ研究会の学生もテレビに出演することが増えました。クイズ番組に出る芸能人の方もどんどんクイズが強くなっています。クイズが得意だということで人気が出るタレントも少なくありません。またそれを見ている視聴者のレベルも非常に上がっていることでしょう。テレビ画面を通して少しずつ一般の人とクイズ研究会やクイズマニアの人たちの垣根が低くなってきたのかなと思います。

　一般の人でも僕たちクイズ研究会がふだん読んでいるような問題集を買うこともできる時代になってきたのですが、クイズというものについての考え方や僕たちクイズ研究会がどのような勉強をしているのかなどは語られていません。その内容を公開したいなという気持ちも芽生えました。
　我々クイズプレイヤーの頭の中がどのようになっているのか、どのような思考で問題に答えているのかということはぜひ皆様にお伝えしたいと思います。

　クイズ番組をよく見られる方はご存じだと思うのですが、よく出る問題というのは、ある程度決まっているのです。それは視聴

者が見ていてためになる、楽しいと思える問題です。しかし僕たちクイズ研究会では、一般の人から見たら非常にマニアックであったり、非常に難解な問題を数多く解いていく。

ものです。そういう部分で「一般常識」と「クイズ界での基本」というのは解離しているともいえます。

視聴者から見て、「この人、このスピードでボタンを押すのか」と驚かれるようなことでも、僕たちクイズ研究会の中では当然の問題だということもあるわけです。こういったクイズ研究会のベールを本書で公開していきたいと思います。

あらゆるスポーツや競技、習い事に入門書があるように、クイズにおいても入門書は必要だと感じていました。また、クイズ研究会で頑張っている後輩に向けて、本を残したいという気持ちもあり、本書を書きたいと思いました。

だからといって、本書は、クイズ好きだけのために書いたわけではありません。

クイズというのは基本的に知識を深めていく競技です。正確さとスピードも必要ですが、第一は、やはり知識量。クイズで強くなるためには、世の中を知らなくてはなりません。

近年はインターネット情報やテレビ、本など情報過多の時代と言われていますが、自分の頭の中にどれだけの情報を蓄えているのでしょうか。意外に「ネットを見ればわかる」からといって、情報を頭にストックしていない方も多いと思います。

3

しかし、普段から情報が頭に蓄積されているからこそ、何か問題が起これば、即座に様々な情報と比較したり、歴史を考え、未来を予測したり、決断できるのだと思います。こういった点ではビジネスパーソンにも、本書を大いに活用していただきたいと思っています。

また一人の大人として、常識や教養がないとは思われたくないですよね。クイズにはその常識も教養もしっかり詰め込まれています。

二十数年しか生きていない僕の考えですが、やはり知識があった方が人生楽しく過ごせるのではないかと思うのです。

本書は学生に限らずビジネスパーソンの方にとっても大変に役に立つものだと思っています。

ぜひ「本書をきっかけに、クイズにのめり込んだ……」「本書を読んで、ものの考え方が変わった……」「知識が増え、人生が楽しくなった……」といってくださる方が一人でも多く増えたら、大変嬉しいです。

水上颯

目次

はじめに ……………………………………………………… P1

第1部　クイズを学べば世界が広がる

暗記ものは文脈で覚える …………………………… P10

クイズはどこまでも広がっていく ………………… P11

雑学を勉強することは世界を知ること …………… P13

「答え」があるものすべてがクイズ ……………… P14

「クイズ王」を目指すなら10万問は暗記する ……… P15

クイズ番組が「クイズ」をつくってきた ………… P17

時代とともに変わる形式 …………………………… P19

クイズは「わかる」×「わからない」が面白い …… P20

クイズ番組によく出る形式とは? ………………… P22

テレビクイズ番組が対策しやすい理由 …………… P24

「クイズ王」として知っているべき知識 ………… P26

ひらめきクイズはアプローチの仕方が重要 ……… P26

知識がいるクイズ、いらないクイズ ……………… P28

5

問題文は「前振り」と「後振り」でできている ……………… P29

出題者は解答者に正解してほしい ……………… P30

問題文の長さで先読み ……………… P31

「ベタ問」は3文字で答えがわかる ……………… P32

1文字をめぐる「読ませ押し」 ……………… P34

知識が増えるほど「確定ポイント」が遅くなる ……………… P34

「指派」と「知識派」 ……………… P35

クイズが得意ではなかった高校生が「クイズ王」に ……… P36

日本一強い東大のクイズサークル「TQC」 ……………… P37

クイズを解く人はクイズをつくる人でもある ……………… P39

クイズに強くなる方法 ……………… P40

第2部 ジャンル別「知力アップ」テキスト

第1章　芸術家・建築

個性豊かな明治・昭和時代の作家 ……………… P46

クラシックの作曲家 ……………… P55

世界で活躍する画家 ……………… P64

馴染みが浅いが重要な建築家 ……………… P73

海外旅行好きなら知っている世界の建築 ……………… P80

歴史クイズには欠かせない日本の城 ………………… P88

第2章 　**料理・スポーツ**

世界の文化から生まれる世界料理 ………………… P96

地域の特色が濃く表れる郷土料理 ………………… P105

スポーツの王道オリンピック・サッカーワールドカップ ……… P114

第3章 　**政治・科学者**

戦前戦後の激動時代を築き上げた総理大臣 ………… P126

世界の大国へ駆け上ったアメリカ大統領 …………… P133

江戸・鎌倉・室町時代の幕府将軍 ………………… P139

有名な法則や定理を生み出す科学者 ……………… P147

第4章 　**言葉・記号**

漢字クイズでは欠かせない四字熟語 ……………… P158

言語の由来も覚えよう、ことわざ・故事成語 ………… P164

植物や動物などの難漢字・畳語	P172
共通の記号も出題される天気・地図記号	P194
クイズ王を目指すなら覚えたい元素記号・単位	P197

第5章　雑学・その他

身近で「あるある」の効果・現象	P204
クイズの基本、政令指定都市・世界の人口・面積	P213
意外なものや場所なのに日本一・三大〇〇	P218
あらゆる分野でトップのみが受賞できる有名な賞	P234
26人と1団体が受賞した国民栄誉賞	P240
クイズのベタ問、書き出し・一節	P249

| おわりに | P254 |

編集協力：桝本誠二（クリエイターズアイ）・松村由貴（大航海）・
　　　　　島右近・山口拓也・粕川雅・渡邊路子
本文デザイン：宮本淳平（Natalie design）
DTP：エヴリ・シンク
装丁：菊池祐（ライラック）
著者写真：野口彈
本文写真：ゲッティイメージズ、個人撮影
スタイリスト：大瀧彩乃
ヘアメイク：北原由梨
制作協力：株式会社オフコース

MIZUKAMI NOTE

第1部

クイズを学べば世界が広がる

クイズに強い人は、競技クイズが世の中の何より好きで、人より先にボタンを押すことに快感を覚えるというタイプの人が多いように感じます。さらに「何よりもクイズが好きだ」という気持ちを持っています。

　クイズ番組が好きな人はクイズが強くなる素質があるでしょう。

　しかし、素質だけでは、クイズ王にはなれません。

　クイズを始めるにも、まずは、基本的な知識を持っていることが必要です。もちろん、知識は多ければ多いほどよいので、中学生のときにクイズに取り組むのと、大人になってから取り組むのでは、後者の方が上達は早いでしょう。

　なぜなら、大人の方が人生経験が豊富でより多くの知識を蓄えているからです。

　しかし知識がないからといって、嘆くことはありません。どんな博学な人でも、生まれたときから博識というわけではありませんから。様々な勉強や経験を積み、見識が広がり、知識が増えてくるのです。クイズという知識の扉を叩けば、どんどん見える景色はは広がります。「何よりもクイズが好きだ」という想いがあれば、さらに情報吸収量が上がるでしょう。

　その先にあるのがクイズ王です。

暗記ものは文脈で覚える

　一口に勉強といってもそのタイプは様々で、知識が求められるものもあれば、考察力、読解力、表現力などが求められたりす

るものもあります。なかでも、クイズに欠かせない暗記に取り組むにはコツがあります。

　試験日前日に一夜漬けでで丸暗記したことは、試験後、1日経つと忘れてしまうものです。しかし、その理由と結果を逐一覚えていたら、なかなか忘れることはありません。

　例えば、スーツのジャケットの左襟には、穴が空いていて、そこに社章バッジなどをつけている人も見かけます。この穴には実は「フラワーホール」という名前があり、かつてのヨーロッパではそこに花を挿していたことに由来しています。ただ単に、ジャケットの穴＝フラワーホールと覚えるよりも、なぜそんな名称になったのかから考えた方が覚えやすいと思います。学校の授業で、暗記ものの筆頭とされる歴史も、何年に何が起きたかだけを覚えるのではなく、「何がどうなったから、何年に何が起こった」と、理由や因果関係を合わせると覚えやすいし、簡単には忘れません。

　クイズ大会で優勝するためには、ひたすら問題とその解答を暗記することが求められる場面もありますが、そういう努力は長くは続けられないものです。僕の場合は「理由と結果」で覚えるのがスムーズでしたが、人によっては図をイメージして覚えたり、何かに置き換えて覚えたりといった方法もあると思います。

クイズはどこまでも広がっていく

　クイズというものが続けられているなかで、問題が発展してい

11

っています。誰も答えられない問題に価値はないのですが、昔はそう思われていた問題が、その後クイズとしての常識になっていくケースも大いにみられます。

　例えば「フランス語で『数』という意味がある、書籍の下の方に書いてあるページ数のことを何という?」という問題は、あるときから頻出するようになり、いまではベタ問（クイズ用語で「よくでる問題」のこと）になっています。答えは出版業界で広く使われている業界用語「ノンブル」です（このページの左下にもありますね）。何かのきっかけでクイズに取り上げられるようになりました。この問題が最初に出されたとき、答えられた人はいなかったかもしれませんが、今では「フランス語で数」と読み上げられた時点で、解答者はボタンを押せるほどポピュラーな問いです。

　つまり、クイズをやるにあたって身につけておくべき教養、クイズで出題される問題の幅は徐々に広がっていきます。僕が思うに、答えがあるものすべてがクイズになります。クイズ番組などでは出題すべき内容が定まっていますが、それ以外のときは、どんな問題でも出していいと考える人が多くなっています。

　クイズで強くなるためには勉強が欠かせませんが、この「勉強」に引っかかる人がたくさんいるのも事実です。

　勉強に対して苦手意識を持っている人は多く、勉強＝楽しいと感じている人はごくわずかだと思います。

　僕の経験から言うと、楽しく勉強するためには、ある程度勉

強しておく必要があります。

　僕も皆様と同じく、学校の勉強は、やらされている感じが強く、好きではありませんでした。

　しかし最近、漢字をあらためて勉強しなければと思い、漢字検定1級取得のための参考書を注文しました。正直なところ、漢字勉強は退屈なものだと思いこんでいましたが、久しぶりに勉強してみると、日本語の勉強にもなり大変刺激的でした。何事もやってみなければわかりません。「面白み」というのは、学問をはじめたばかりのときにはなかなか見えてこないのかもしれませんね。

　でもそれはやはり、これまで勉強してきたという背景があるからだと思います。もちろん学校で習う勉強を面白いと感じられたらそれは幸せなことですが、つまらない勉強の先には、自分が好きなことを楽しんで学べるチャンスが待っているのです。

雑学を勉強することは世界を知ること

　クイズで出される問題は、過去に出題されたもの、それをもう一段階掘り下げたもの、または、まったく新しいもののどれかです。そのためクイズで勝ち抜いていくためには、どんどん新しい知識を取り込む必要があります。自分がこれまで知らなかった面白いことを、クイズを通して知ることができるからです。言い換えると、クイズは「世界中のありとあらゆる物事の紹介」と捉えられます。

例えば、紙コップのフチは丸まっていますが、これは唇が切れるのを防ぐために、ある時期から採用された形状です。こういった雑学は、知らなくていいことかもしれませんが、紙コップひとつをとってみても、その成り立ちには理由があるということです。世界の事物のほとんどは、意味があって成り立っています。クイズをやっていると、そういう世界の意味をひとつでも多く知ることができます。

「クイズなんで雑学、無駄なものだ。もっと役に立つ学問を勉強しろ」という意見をお持ちの方もいらっしゃいます。もちろんおっしゃることも分かりますが、世界に知らないことがあるのならば、どうしても知りたくなってしまうものです。僕はそれが世界に対しての向き合い方だと思っています。

「答え」があるものすべてがクイズ

よく「クイズとは何ですか?」と聞かれることがあります。

簡単なようで、その捉え方は人それぞれです。早押しクイズや一問一答などはクイズですが、「なぞなぞ」はクイズではないという人もいます。

その点、僕は基本的に区別はなく「答え」を求められるものは何でもクイズだと思っています。

だから、なぞなぞもパズルも僕にとってはクイズなのです。

クイズの中には、早押しクイズや一問一答、イントロクイズなど、様々なものがありますが、テレビのクイズ番組でよく扱われるのは

「早押しクイズ」でしょう。

　誰が先に押すのかという緊張感、知識やひらめきが優れた人間が勝つという競技性が楽しめるからです。

　またテレビだけではなく、クイズサークルに所属している人の多くも、早押しクイズに熱心に取り組んでいます。解答者にとっても、その緊張感はたまらないものだからでしょう。

　しかしクイズサークルとテレビのクイズ番組ではスタイルが異なる部分もあります。

　クイズサークルなどで出し合う早押しクイズでは、問題文が読み上げられる形式がほとんどですが、クイズ番組では、画像を活用したクイズも多く見られます。皆さんもご存じのように、画像を少しずつ拡大していき、「これは何でしょうか?」と尋ねる問題は、テレビならではのものです。

　一般のクイズ好きが集まったサークルでは、そこまでの準備はなかなかできません。だからその場では、問題が読み上げられ、解答者がそれに対してどれだけ速く正確に答えられるかを競う、早押しスタイルになるのです。

「クイズ王」を目指すなら10万問は暗記する

　近年、テレビでは『東大王』や『99人の壁』など一般のクイズプレイヤーが参加するのテレビクイズ番組が多く放送されています。

　巷にあるクイズ研究会やクイズサークルには、学生だけではな

15

く、社会人も多く所属しているのです。クイズ好きに年齢は関係ありません。

　学生と社会人ではクイズの取り組み方も異なり、学生はスキルを高めていくスポーツとして、社会人は楽しんでやる趣味として取り組んでいる方が多い印象です。

　実は、クイズ大会はほぼ毎週末、全国の都道府県のどこかで行われています。中でも最も規模が大きいのが、原則毎年3月に開催され、800人ほどが参加する「abc」という大会です。

　この大会は、大学生もしくは22歳以下が対象とされており、誰もが活躍を夢見る、クイズのオリンピックみたいなものです。だから、クイズ好きの学生たちは「abc」での戦いに向けて一生懸命に勉強しています。

　この大きな舞台で活躍するには、最低でも1万問、トップレベルに入るには10万問のクイズ問題を覚える必要があると僕は考えています。

　クイズ大会で勝ち抜いていくために、最も大切なのは自分の知識です。知識を手札にたとえると、手札を10枚持っている相手に対して、2枚の手札では太刀打ちできません。その手札を増やすためにもクイズの問題集を丸暗記したり、図鑑や雑誌を読んだりすることが大切です。クイズの界隈ではクイズの問題を多く収録した問題集や大会の記録集が流通しており、こういったものを最大限活用しているのです。

クイズ番組が「クイズ」をつくってきた

ここで少しクイズの歴史に触れてみましょう。

1791年、アイルランドのダブリン市の劇場支配人、デイリーが、「一夜で新たな言葉をつくり、その言葉を町中で流行らせることができるか」という賭けを友達としました。デイリーは、「quis」という言葉をつくり、街中にその言葉を書きました。翌日、その文字を見た町の人たちが話題にしたことで「クイズ」という言葉が生まれたという伝説があります。

日本で戦後最初に生まれたクイズ番組は、1946年から1964年までNHKラジオで放送された公開録音番組『話の泉』だといわれています。クイズ番組自体は正確にはもっと前からあったという話もききますが、本格的なクイズ番組としてはおそらく初めて放送されたものでしょう。

その後、1975年には視聴者参加型のクイズ番組『パネルクイズ アタック25』が始まります。そのころには『クイズ・タイムショック』『クイズグランプリ』なども放送され、テレビで早押しクイズが始まりました。この1970年代は第一次クイズブームといってもいいでしょう。

さらに、1989年から1995年にかけてTBSで『史上最強のクイズ王決定戦』が放送され、「ギミア・ぶれいく」の優勝者である西村顕治さんらが名を馳せました。この番組は、1977年より日本テレビで放送の『アメリカ横断ウルトラクイズ』とともに、

90年代の「クイズブーム」を牽引しました。『アメリカ横断ウルトラクイズ』はその名の通り、一般人がクイズを勝ち抜きながらニューヨークを目指し、アメリカ大陸を横断するという内容です。

このころから、クイズ番組で活躍するためにクイズを勉強する「クイズ研究会」が大学に設立されはじめ、「クイズ王」という言葉が生まれたのです。

1990年にそれらのクイズ番組が終わると、クイズ界には「冬の時代」が訪れます。しかし、ヒットするクイズ番組が出てこない一方で、競技クイズが進歩していきました。テレビでは放送されない、アングラな文化として根付いていき、あわせて「問題の内容も難しくするべきだ」という風潮が広まっていきました。

そこで生まれたのが「学生系」と呼ばれる、難易度が高く、ジャンルもマニアックなクイズです。主に大学生がその傾向を形作っていったので、その名が付けられました。

またその中でも、東京大学、立命館大学、大阪大学の学生たちは、ひとつの問題が200文字を超える「長文」クイズを編み出しました。

2000年代にはいると、またクイズ界が活気づいてきます。

例えば、2000年から2007年までフジテレビで放送された『クイズ$ミリオネア』。司会のみのもんたさんが解答者に放つ「ファイナルアンサー?」というフレーズが流行語になりました。

この番組は、一般の方も解答者になれることから、クイズに正解すれば賞金がもらえるという緊張感を、視聴者は解答者になった気分で楽しんでいたことでしょう。

2005年から2011年はフジテレビで『クイズ! ヘキサゴンⅡ』、2004年よりテレビ朝日で放送されている『クイズプレゼンバラエティー Qさま!!』は現在も続いています。

　そして、2017年からはTBSで『東大王』が始まりました。現在はまさに第二次クイズブームといえるでしょう。

時代とともに変わる形式

　クイズ番組が始まって以来、その歴史が積み重ねられていくなかで、クイズの形式も移り変わってきました。

　今主流になっている早押しクイズのほかにも、問いに対する答えを書く筆記問題、選択肢のなかから答えを選ぶ択一クイズ、問いが正しいか否かを判断する○×クイズ、「山手線クイズ」とも呼ばれる、ひとつの問いに対して複数の解答がある多答クイズがあります。

　さらには、画像を見せてそれが何かを答える画像クイズ、曲のイントロを聞いて曲名を答えるイントロクイズ、問題に対してより近い数字を解答したら正解となる近似値クイズ、熟語を組み合わせたなかで空欄の漢字を当てる漢字クイズなど、ひとつずつ説明していたらきりがないほど、様々なクイズが生まれました。

　それぞれの形式で、時代によって問題の傾向が変化をしていったものもあります。

　中でも早押しクイズについて言えるのは、問題文が長くなったということです。以前はもっと短かったのですが、解答者がみん

19

な、問題を覚えてしまい、あまり差がつかなくなったので、問題文をより難しくしているのです。

問題文の冒頭の、知名度が低い部分を指す「前振り」が生まれたのも、より深い知識を持っている人が早くボタンを押せて、ほかの人と差をつけられるようにするためです（詳しくは後述します）。

クイズは「わかる」×「わからない」が面白い

クイズは、「答え」がわかるものとわからないものの2つに大別しがちですが、「問題」がわかるかわからないかという視点もいれると、さらに分類できます。

①わかる問題からわかる答えを聞く
「わかる」×「わかる」
②わからない問題からわかる答えを聞く
「わからない」×「わかる」
③わかる問題からわからない答えを聞く
「わかる」×「わからない」
④わからない問題からわからない答えを聞く
「わからない」×「わからない」

の4種類です。
例えば「水戸黄門の本名は何?」という問いに対しての「徳

川光圀」は常識の範疇なので、「わかる」×「わかる」です。

　しかし同じ「徳川光圀」という答えでも、「日本で最初にラーメンを食べた人は誰?」という問題だと、答えられる人はあまりいません。つまりこれは「わからない」×「わかる」問題だといえます。

　「わかる」×「わからない」問題が、一番面白いとされていますが、何度も同じような問題をやっていると結果として内容は難しくなっていきます。

　例えば「日本で最初にラーメンを食べた人は誰?」「徳川光圀」というクイズを発展させると、「徳川光圀にラーメンを食べさせた儒学者は誰?」「朱舜水」という問題が生まれます。おそらく一般人の多くは答えを知りませんが、この手の問題は『高校生クイズ』や『高校生クイズ』を基にした『最強の頭脳 日本一決定戦! 頭脳王』に出やすく、クイズに取り組む人たちが好む問題です。

　こういった問題が出題されると、クイズをやってない人にはちんぷんかんぷんだけどクイズプレイヤーはいとも簡単に正解できるという構図が生まれるわけです。

　まだこの程度だとよいのですが、問題を深掘りしていった結果「わからない」×「わからない」になっていきます。

　ひとつ例を挙げると、「セリンやスレオニン残基の持つヒドロキシ基をリン酸化する細胞内の酵素で、これを発見した業績により、1989年、日本人3番目のラスカー賞を贈られた人は誰?」と

いう問題。ラスカー賞とは、ノーベル生理学医学賞と同じぐらい権威があるとされているアメリカの医学賞で、ベタ問でもよく取り扱われます。

このクイズにおいて大切なのは「ラスカー賞の日本人受賞者は誰か」ということですが、最初の受賞者・花房秀三郎では問題として簡単すぎるので、3番目の受賞者「西塚泰美」が答えとされるのです。

さらに西塚泰美に関しては「日本人3人目のラスカー賞をプロテインキナーゼCの発見により受賞したのは誰?」という問題もあるのですが、先の問題では難易度を上げるために「プロテインキナーゼC」の概要を問題文に盛り込んでいます。

このように、もともとあったクイズを基に、その内容を発展させていくにつれ、問題文がより難しくなっていきます。

ここまでくるとストイックなクイズ研究者くらいしか楽しめなくなってきます。

その基盤となるのが、クイズ大会で出された問題を集めた記録集です。クイズ界には、作った問題は世間に出す方がよいという考えがあり、「abc」も公式記録集を発行しています。

こういった問題の集積をもとに、新たな問題が生まれ、難易度が少しずつ上がっていきます。

クイズ番組によく出る形式とは?

問題と答えを「わかる」×「わからない」で分けた4種類の

クイズのうち、解答者も見ている側も面白いと感じるのは、「わかる」×「わからない」と「わからない」×「わかる」の2つです。特にクイズ番組では、視聴率を考え、「わかる」×「わからない」問題が圧倒的に多く、「わからない」×「わからない」はほぼありません。

　例えば、物の名前を問う問題、「炭酸飲料用のペットボトルの底の花弁状の部分は何という?」の答えは「ペタロイド」です。この答えを知っている人はほとんどいないでしょう。しかしペットボトルは誰でも知っています。すると、「へぇ～」となるのです。この「へぇ～」が重要なのです。

　先日も『東大王』で「会計の際に使うお金を載せるトレイの名前は?」という問題が出ました。日常的にそのトレイを目にすることはあっても、それが「カルトン」という名前であることまでは、販売に携わる人以外はなかなか知らないでしょう。しかし答えを聞くことで、ある種の満足感が生まれます。それが人の興味をそそるのです。

　一方の「わからない」×「わかる」問題でいえば、「日本で一番最初に鉛筆を使ったのは誰?」というような問いに対する「徳川家康」という解答です。

　徳川家康のことは誰もが知っていますが、最初に鉛筆を使った人物だとは世間一般に周知されていません。「最初にラーメンを食べた人は誰?」という問題と同様、よく知っている人物の知らない側面を知られるという点で、興味を持てる内容だといえ

23

ます。

　このパターンで最近、面白いと感じた問題は「花まつりが一番最初に行われたのはどこか?」。解答が「ベルリン」です。釈迦の誕生日を祝う行事である花まつりが、日本やインド、中国ではなくヨーロッパ圏で行われたという不可解さ、こういうことを知ることができるのが、クイズの魅力だと思います。

テレビクイズ番組が対策しやすい理由

　クイズ番組に出る問題は、かなり限定されており、一般知名度が6割以下の物事に関しては、絶対に出ないといっていいでしょう。

　画家でいうと、レオナルド・ダ・ヴィンチは誰でも知っているから大丈夫、フェルメール、レンブラントあたりは知っている人も多いのでまだ出題できますが、アンリ・ルソーとなると微妙になってきます。

　それはアンリ・ルソーは美術界ではかなり有名な画家ですが、一般正解率はおそらく6割以下だからです。さらにマイナーな、オシップ・ザッキン、エゴン・シーレなどは、クイズ番組の問題としては取り上げられません。

　「わかる」×「わからない」と「わからない」×「わかる」がクイズ番組での主流であることからも、問題か答えのどちらかが親しみやすいことが、クイズ番組で出題されるクイズの条件だと思います。

このように、クイズ番組で出せる問題はある程度制限されているので、当然同じ内容がいろいろな番組で使いまわされています。偉人や歴史上の事件、地理問題とジャンルは様々ありますが、一般常識に収めようとするとその範囲は限られます。

　例えば、僕はクイズ番組の問題で忠犬ハチ公の除幕式を3回くらい見たことがあります。ハチ公のことは誰でも知っているし、何よりその映像が残っているから、テレビとしては出しやすいのです。

　もちろん問題の制作者は、同じ内容でも出題の仕方を変えたり、ひらめき要素を入れたり、かなり試行錯誤をしています。それでもやはりクイズ番組は、出題範囲が限られるという意味で、対策を講じやすいといえます。

　このように、クイズ番組で出る問題にはある程度のしばりがあるのですが、その限界に挑戦しているのが『東大王』です。

　恐ろしいことに、これまでのクイズ番組では出なかったような難問も出題されています。

　例えば、ひとつのテーマに沿った漢字を答えながら、相手と石の数を競う「漢字オセロ」というコーナーがあります。

　出題漢字も、回を経るごとに難しくなっていき、本来クイズ番組で出せるレベルを超えているのではないかと思うこともあります（笑）。

25

「クイズ王」として知っているべき知識

クイズ番組で活躍するためには、一般常識のほかにクイズ王ならば知っているべき知識を身につけることも必要になってきます。

例えば、歴代総理大臣の名前を知らないクイズ王がいるでしょうか。88星座は？　世界の国旗は？　江戸幕府15代の将軍は？

当然ですが、クイズ王といっても、ありとあらゆる物事を知っているわけではありませんし、それは不可能です。

反対に本書の第2部にまとめたような「クイズ王らしいこと」を覚えておけば、誰でもクイズ王になれるといえます。

実際にクイズ番組に出て、クイズ王になれるかと言われれば難しいかもしれませんが、少なくとも、クイズ番組を見ながら、「家族や仲間の中のクイズ王」にはなれると思います。

ひらめきクイズはアプローチの仕方が重要

クイズ王だからこそ知っているべき知識がある一方で、解けた方がいい問題の形式もあります。それが「ひらめきクイズ」です。

クイズ番組によく出る「ひらめきクイズ」は、知識というより想像力や発想力が必要とされるものです。この想像力の働かせ方にもある程度のルール、いわばクイズ王的なアプローチ方法

がありますが、このような問題に対する勉強をしている人はあまり多くありません。

　例えば、「だ」「び」「え」「じ」「ふ」「ほ」「□」とひらがなと空欄が並び、「□に入るひらがなは何?」という問題があるとします。こういう問題の場合はまず全体の数を考えます。この場合は7個。だから7個でひとセットのものを探します。その頭文字をとった問題が多いからです。この判断が瞬時にできれば、曜日、虹の色、G7、七福神……といった具合に該当するものを照らし合わせてみるのです。すると、この問題の答えは弁財天の「べ」ということに気づくでしょう。ここでは7個1セットですが、12だったら12か月の和風月名や英語での呼ばれ方、十二支、十二星座など、3だったら世界三大○○、三原色などを考えます。

　だからひらめきクイズといっても、結局はある程度の知識がなければ解けません。

　また、なぞなぞの一種の「判じ絵」も一定の法則で解けることが多いでしょう。

　判じ絵とは、地名や人名などの言葉を絵に置き換えて表したものです。江戸時代の浮世絵師たちが趣向を凝らし、面白い絵を描いていました。

　例えば「この絵が表している生き物は何?」という問題で、中心部分の線が消えている太鼓の絵が出されたとします。

　このケースでは、その絵が何を表しているのかを字で起こして、さらには、漢字、ひらがな、カタカナに変換します。

　「太鼓」「たいこ」「タイコ」と思い浮かべたら、絵の中心部

が消えているので、想像した文字の中心を消してみます。

　すると「太鼓」は2文字なので消せない、「たいこ」「タイコ」はそれぞれ「い」「イ」を除いて、答えは「たこ」「タコ」となります。このように、絵の場合は文字に、問題が漢字だったらひらがなに、ひらがなだったら漢字に変換するのが基本です。

　つまり、ひらめきクイズでは、問題によってどこからアプローチするかを瞬時に判断することが大切です。

　もちろんひらめきクイズも難易度には差があり、難しくなればなるほどより深い知識が必要になりますが、これまでと同じで自分の知識の当てはめ方を見つけることが求められます。

　最終的にはアプローチの仕方がカギになってくるのです。

　ひらめきクイズを得意とするためには、数をこなすしかありません。今挙げたような方法論をひとつずつ試していき、「この場合にはこのアプローチ」と判断する時間を縮めていくしかないのです。

知識がいるクイズ、いらないクイズ

　クイズ番組では、なぞなぞのようなひらめきクイズ的なものも出題されますが、一般的なクイズ大会ではそういった問題はあまり出されません。「学生系」の発生からもわかるように、クイズに関わる人たちは知識に対する思い入れが強く、いわば「知識ファースト」だからです。

クイズサークルのメンバーやクイズ仲間と一緒にクイズを出し合うこともあるのですが、自然とかなり難しい内容になります。そのため、そういう場でひらめきクイズが出されるとしたら「アルバニア、ウガンダ、エクアドル、エジプト、オーストラリア、カザフスタン、これらの国に共通することは何？」というような高難度の問題になります。この答えは「国旗に鳥が描かれている」です。これは実際に東大のクイズ研究会のOBサークルで出された問題ですが、こんな内容はクイズ番組には適しません。

　一方、最近巷ではやっている謎解きゲーム、「リアル脱出ゲーム」などを手掛けるSCRAPや東京大学謎解き制作集団「AnotherVision」などでは、あまり深い知識がないと解けない問題は出題しないでしょう。

問題文は「前振り」と「後振り」でできている

　現在、クイズ大会やクイズ番組で主流になっている、早押しクイズの問題文は「前振り」と「後振り」という構造で成り立っています。

　例えば、「フランス語で『雷』という意味がある、細長いシュークリームにチョコをかけたお菓子は何でしょう？」という問題があります。ちなみに、この解答は「エクレア」です。

　この問題文の構造を見てみましょう。

　最初のフランス語の語源について示している部分が前振りで、比較的難易度が高い文章になります。つまり知名度の低い

29

情報だということです。

　後に続くのが、後振りでお菓子の形状を表しています。エクレアを食べたことのある人、見たことのある人ならすぐにわかるでしょう。いわゆる知名度の高い情報です。

　クイズ問題は基本的に、この前振りと後振りで構成されています。前振りで知名度の低い情報を出すことで、本当に知識の深い人しか押せません。そこで押せない人が、後の文章を聞いて答えることができるという構成になっているのです。

　このように、早押しクイズの問題文は、知名度の低い内容と高い内容で構成されており、知識がある人が速く押せるような形式になっていることが大半です。

　また後振りの後に、最終ヒントとして言葉をつなげる「落とし」という文章が続く問題もあります。

出題者は解答者に正解してほしい

　早押しクイズで、答えがわかったのに相手に先に押されてしまう「押し負け」を避け、誰よりも速くボタンを押すために大切なことはたった2つです。

　前振りを覚えること、後振りを推察することです。

　早押しクイズを見ている人は「どうして問題文の途中で答えがわかるの?」と疑問を持たれることも多いのですが、それは問題文の形式が決まっているからなのです。解答者は前振りの時点で後振りを先読みして答えを導き出します。

そもそもクイズの制作者は、解答者に正解させるために問題を作っています。自分の作った問題が誤答されるのは、クイズ制作者にとっても気持ちのいいことではないのです。クイズは全国規模で行われる競技、問題にもルールやある程度の紳士的な態度が求められます。

　だからこそ「フランス語で雷という意味があるお菓子と言えばエクレアですが」という前振りから、「漫画で登場人物の台詞が書かれた部分を何というでしょう?」というような前後のつながりがない意地悪な後振りには続きません。

　また、実は「助詞」を聞くだけで答えがわかる問題があります。
　クイズは、正しい日本語でつくられるため、上級者は助詞を頼りに問題の先読みをすることが可能です。
　例えば、わかりやすい問題は「ですが問題」です。
　問題文が「日本の観測史上最高気温を観測した」で始まると、その先の展開はまだ絞りきれません。
　しかし「観測したの」と続いたら、「観測したのは埼玉県越谷市ですが」と続くことが予想できます。つまり、「の」を聞いた時点で、次は「ですが」が来るとわかり、さらにそこから続く展開を推察し、解答することができるのです。

問題文の長さで先読み

　問題を先読みするうえでは、問題文の長さも重要になります。

例えば、「高校生クイズ」で出題された「ですが問題」があります。そのとき、「さいころの目をすべて足すと」と読み上げられた時点で、ボタンが押されました。1から6をすべて足すと21になりますが、これは問題として簡単すぎ、問題文も短すぎるため解答にはなりません。

　問題文は、本当に短いものだと20文字程度ですが、いわゆる短文問題でも、たいてい前振りと後振りで構成された60〜80文字です。

　そのため前振りは、「さいころの目をすべて足すと21ですが」となることが想像できます。続いて後振りを考えると、前振りで「すべて足す」ことが挙げられているので、これに準じて後振りも1から6で何かしらの計算をすると予想します。選択肢は、引き算か割り算か掛け算。1から6までを順に引いてもマイナスになって面白みがない、割り算も割り切れない数字になる、そうすると掛け算をするしかなく、答えは1から6までを順に掛けた「720」になります。

　クイズ王を目指すには、このように出題者の気持ちを読み取ることも必要なのです。

「ベタ問」は3文字で答えがわかる

　早押しクイズを突き詰めていくと、問題文の最初の3文字を聞いて答えを出すことが可能になってきます。というのも問題の中には「ベタ問」と呼ばれる、クイズ大会やクイズ番組でよく出題

される問題が5000〜1万問くらいあるからです。

　ベタ問とは、クイズ研究会の間で広まっていったコアなクイズです。一般の人が聞いてもわからないような問題が、クイズ研究会の間では、常識のように出題されます。もちろん一般常識的な問題もありますが。

　例を挙げると「和食器の1セットは普通いくつでしょう?」という問題。答えは「5枚」ですが、これは「わしょ」と聞いた時点で解答できます。クイズ研究会の間では、文頭に、和食器がくると、ほぼこのベタ問だということです。だから「わしょ」の「ょ」の時点で答えが確定します。この文字を確定ポイントといいます。確定ポイントは、人の知識によって変わりますが、このポイントが前であればあるほど、早押しに有利になるのです。だから、いかにこの確定ポイントを前にできるかという練習をします。

　わかりやすいのが、小説の書き出し問題における「これは」で始まるベタ問。「これは」の次に、「私が小さいときに、村の茂平というおじいさんからきいたお話です」と続くと『ごん狐』、「或精神病院の患者、——第二十三号が誰にでもしゃべる話である」だと『河童』となります。そのため「これは」の先の1文字が何かを知る必要があるのです。

　しかしなかには、想定したベタ問と違う場合もあります。すると、問題文を聞いてどの問題かを判断する「確定ポイント」がずれるのです。

　「ここであの問題だと判断してしまったけど、この時点では他の問題の可能性があるから、もう一文字聞かなければいけない」

と学んでいきます。

1文字をめぐる「読ませ押し」

　出題されているのが何の問題かを判断する確定ポイントを限界まで縮めたとして、さらにそれを越えようとするときに使うテクニックが「読ませ押し」です。先の小説の書き出し問題でいうと、「これは」でボタンを押してから、確定ポイントとなる次の1文字が読まれるのを聞きます。

　人間の反応速度には限度があり、ボタンが押されたのを確認して、問題を読み上げる人が口をつぐむまでには1、2秒がかかります。だから、ボタンを押してからも、だいたい1文字から3文字は読んでしまうのです。ということは、確定ポイントに行く2文字前でボタンを押すことができます。問題を聞いているときは、まだわからなくても、あと2、3文字でわかるという時点で勝負に出ることができるというわけです。

　早押しクイズで誰よりも速くボタンを押すためには、この読ませ押しのテクニックが欠かせません。

知識が増えるほど「確定ポイント」が遅くなる

　早押しクイズにおいては、できるだけ速く確定ポイントを決めることが重要ですが、多くの物事、ベタ問を知っている人ほど、問題の選択肢が増えてしまい、確定ポイントが遅くなる傾向があ

ります。

　反対に、知識が浅くてベタ問も少ししか知らない人が、早い段階でボタンを押し、正解することも多々あります。こういうことが起こりうるので、筆記テストで負けていても、早押しクイズで逆転するというケースも結構あるのです。だから、早押しクイズでは手札の切り方に気をつけなければいけませんが、少ない手札でも勝つ可能性があります。

「指派」と「知識派」

　「当てはまる漢字を書きなさい」「該当する地図記号を書きなさい」といった筆記ならではの問題を除けば、早押しクイズでも筆記問題でも、内容は基本的には同じです。

　その答えを知っていればどちらの形式でも答えられるので、理論上は早押しが強ければ筆記も強い、筆記が強ければ早押しも強いことになります。

　しかし実は、早押しクイズが強いが、筆記問題はそこまで強くないという人も多いのです。これは、圧倒的に反射神経がよく早押しスキルを鍛え上げている人たちです。彼らのことを「指派」と呼びます。

　一方、筆記が強い反面、早押しが苦手な人は「知識派」と呼ばれます。とは言いつつも、最終的に早押しクイズで優勝するには、知識だけでも早押しの速さだけでもダメです。この両方を兼ね備えていなければ、クイズ王にはなれません。

35

クイズが得意ではなかった高校生が「クイズ王」に

　僕は高校生のときにクイズを始めて、いまはテレビ番組の『東大王』の影響もあり「クイズ王」と言われることも増えました。

　しかしもともとクイズが得意だったわけではありません。『高校生クイズ』ではチームで優勝しましたが、それは僕が強かったからではなく、チームメイトが強かったからです。

　そもそも基本的に僕はのんびりした性格なので、何より早押しクイズが苦手でした。さらに人と勝負をして勝ったり負けたりすることが嫌いだったので、クイズはやっていましたが、人と競うことをずっと避けていました。

　しかし大学2年のある時、クイズは競技だと感じました。これは競技だから、定められたルールの中でほかの人と競って、1位になることが重要だと思ったのです。それから勝つための努力を始め、大学3年生のときには、そこから一歩進み「この競技で自分は一流になる」と決めました。

　それから自分の世界を広げる努力をはじめました。問題を覚えるだけではなく、どんなジャンルの物事でも調べたり、本を読んだりして知識を深めていく、そのプロセスを繰り返し行いました。そうしているうちに、自然とクイズ大会などで勝ち抜けるようになっていったのです。

　大学4年生になってからは、「abc」の大会で優勝することを目標に、ひたすら愚直な努力を重ねました。気が変になりそうに

なるくらい一日中、専門書や問題集を読む日々を1年間続けました。

　みなさんは、このような方法をずっと続けるのは難しいでしょう。だからクイズと長く付き合うためには、自分に合ったやり方を見つけるのが一番だと思います。

日本一強い東大のクイズサークル「TQC」

　クイズサークルや研究会は、基本的に各大学にひとつあるのではないでしょうか。

　その中でクイズが強いと言われる学校は、東京大学、京都大学、大阪大学、早稲田大学、慶應大学などです。

　手前味噌ですが、一番強いとされているのが、我が東京大学クイズ研究会（TQC）です。

　このような評判のあるTQCですが、僕が入ったころは、結構のんびりしていました。今振り返ると、TQC自体がクイズを楽しみとしてではなく競技として捉えるようになる過渡期だったのだと思います。当時のメンバーは20〜30人ほどで、強い人もいましたが、マイペースにやっている人も多く、どこか牧歌的な雰囲気がありました。

　しかし、TQCでも、だんだんクイズ競技熱が上がってくると、『東大王』や東京大学発のウェブコンテンツ「QuizKnock」の影響も助け、メンバーが増えてきたのです。今では100人以上の大所帯になりました。化け物みたいにクイズが好きな人も多

く、週に1回、土日のどちらかに行われる「例会」と呼ばれるサークル規模でのクイズ大会には毎回60人くらいが参加します。ちなみにTQCはインターカレッジなので、東大生でなくても入れます。

平日は、部屋番号の語呂合わせから「ボツアナ」と呼ばれている四畳半ほどの広さの部室に、誰かしらクイズをやりたい人が7〜8人集まっています。そこでは、お互いに問題集を読みあって早押しクイズの練習をする「フリーバッティング」が行われています。だから本当に強くなりたい人たちは、そういう場に毎日参加して、腕を磨いていくわけです。

長期休暇ともなると、宿をとってみんなでクイズ合宿にいきます。先日参加したときは、合宿期間の5日間、ずっとクイズをやるというので、僕は「1日くらいは観光を入れてほしい」と主張したのですが、その意見は採用されないほどのクイズ合宿でした。

80人ほどの参加者を8部屋に分けて、朝の9時から夜の12時までずっとクイズ漬けです。鶴崎くんとやった企画で自作クイズを出題したりもして楽しかったのですが、あまりにもクイズばかりでさすがに死ぬかと思いました（笑）。

このようにTQCは、平日はクイズ、土日もクイズ、長期休暇もクイズと、毎日クイズに勤しんでいます。だからこそクイズに強い人が育つ基盤が整っているのです。僕はTQCのほかにも難問クイズを扱う学生サークル「木曜会」、今、日本で一番強いといわれている新興サークル「Period」にも所属しています。

木曜会もTQCと同じインターカレッジで、Periodは社会人もいるサークルです。

クイズを解く人はクイズをつくる人でもある

クイズを解く人というのは、実はクイズをつくるのも好きな場合が多いのです。そしてクイズをつくるためには、いろいろなことを調べる必要があり、自然とその物事についての知識がつくので、結果としてクイズに強くなっていきます。

僕がクイズをつくるときに、一番こだわるのは前振りです。前述したように、前振りは知名度が低いもの、後振りは知名度が高いものを入れるのが基本なので、前振りに新しい知識を入れ込むことを意識します。

クイズ大会で出題する問題の難易度は「問題文をすべて読めば、そのうちの6〜7割はわかる」くらいにします。そもそも解答者が正解してくれなければ、クイズとして成立しないので、クイズを得意としない人でも3〜4割の人が解けるような内容がベストだと思います。

このルールで僕がつくったのが「タイのKrating Daengという清涼飲料水をもとに開発された、『翼を授ける』がキャッチコピーの清涼飲料水は何か?」という問題。

後振りを聞けば、「レッドブル」を指していることは多くの人がわかりますが、前振りでわかる人はなかなかいません。ちなみにこの問題、伊沢さんは前振りの時点で正解していました。

クイズ大会としてではなく、仲間うちで問題を出し合う場合は、難易度をあまり考えず自由につくります。知名度が高くない国の絶景の写真を並べて、どこの国のものか聞いたり、見た目がたこ焼きにそっくりなお菓子「エイブルスキーバー」の発祥国はどこか答えさせたり、世界的な著名人ではあるのですが日本ではポピュラーではない2人の写真を並べて共通する名前を尋ねたり、といった具合です。

クイズに強くなる方法

クイズと勉強は似ているところと違うところがあります。

勉強は小学生、中学生、高校生、大学生とみんな同じようにやっていると思うのですが、クイズは好きな人しかやっていないという点が違います。

しかし、知識を詰め込むという点において同じです。勉強ができる人はクイズをやっても大体強くなっていくのですが、クイズの場合は試験と異なり範囲がありません。

日常生活のことから天文学や難しい数学的なことまで全く日常生活と関係ない広範囲な知識を詰め込む必要があるのです。

言ってみればクイズというのはスポーツなのです。クイズはどこまでも努力することができる。偏差値が高いからクイズができるわけではありません。つまり偏差値＝クイズ力ではないということです。勉強ができなくてもクイズが強い人はたくさんいます。

ありきたりですが、やはりクイズが強くなる条件として重要なことはまずクイズが好きなことです。さらに、瞬発力や記憶力が高い人はクイズに向いていると思います。

　世の中全体に興味があるという人はクイズに強いというイメージもあります。日本だけではなく、世界のあらゆることを知りたいという気持ちを持っている人は、クイズに向いているのではないでしょうか。知識に対しての貪欲さを持っている人は、クイズが強いなと感じることが多いものです。

　僕にとっては、普段見ているものすべてがクイズになります。何かを見たら、これクイズに出せるなぁ、とか、これクイズに出るかなぁと考えるので、世界全体がクイズになっていっています。

　クイズの勉強で大切なことは、まずは毎日やること。記憶は衰えていくので、毎日新しいものをどんどん入れていかなければやはり知識というのは増えていかないのです。一度減ってしまうと、結局忘れてしまうのです。そこで毎日、トレーニングをするということが重要です。

　次に知識を結びつけて覚えるということです。一つひとつの知識が、ばらばらでは応用が利きませんが、いくつかの知識が結びつくことによって、また違う知識へと変えていくことができるのです。

　はじめは知識も少ないので、一つひとつ覚えていくことがすごく大変なこともあると思います。しかし、知識と知識が結びつき始めると面白くなってくるのです。○○の原因が刺客の結果だったなどと結びついてくると、初めてそれが自分の中で知識とし

41

て定着していきます。そういったつながり、結びつきを見つけることがクイズの醍醐味です。

問題を出し合う友達も必要です。問題を出し合う、言ってみれば知識のキャッチボールをすることが重要だからです。

そして、「疑問メモを作ってみる」「思いつきなどを書き留める」ことも大切です。どうして自分が疑問に思ったのか見返せますし、また自分が間違えて覚えたことをチェックもできる。人間は同じような失敗をしてしまうので、失敗しないためにも疑問メモをとることも大切だと思います。

僕は面倒臭がりで、普段の授業でノートを取ることはありません。そんな怠惰な僕でもメモは取れるのです。

クイズの勉強には完璧な到達点はありません。だから、面白いのです。逆にキリがあれば、そこで満足してしまうでしょう。わからないことがたくさんあった方が、今もこれからも、知る喜びがあっていいですよね。

MIZUKAMI NOTE

第2部

ジャンル別 「知力アップ」テキスト

【 GENRE 】

芸術家・建築
料理・スポーツ
政治・科学者
言葉・記号
雑学・その他

この第2部では、僕がクイズを勉強する上で「何を」覚えていたのか、「どこが」ポイントだと感じていたのかを体系的にまとめてみました。どれもクイズ王を目指すためには必須の知識だと思います。

　一度にすべてを覚えようとはせずに毎日少しずつ覚えていってほしいです。

　また読み進めてもらう順番にもこだわる必要はありません。目次をご覧になって興味のあるところから読み始めるのもいいかもしれませんね。

　なお、本書の情報は2020年2月現在のものです。「日本一○○」などは更新されるとニュースになりやすいので、その都度、チェックしていってください。

MIZUKAMI NOTE

第1章
芸術家・建築

ARTIST, ARCHITECTURE

【第1章】芸術家・建築

【CATEGORY】

作家
作曲家
画家
建築家
世界の建築
日本の城

> 小学校、中学校で習ったことを基礎にして覚えていこう！

CATEGORY

個性豊かな明治・昭和時代の
作家

「作品」は常識、キャラクターを深掘りしよう

　作家については、作品と作者を結びつけることは大前提として、クイズでよく問われる頻出のエピソードを押さえておく必要があります。

　たとえば、森鴎外は子供達に西洋でも通用するような名前として、今の感覚では「キラキラネーム」とも思えるような風変わりな名前をつけていました。5兄弟の上から於菟（おと）、茉莉（まり）、杏奴（あんぬ）、不律（ふりつ）、類（るい）です。

　夏目漱石と正岡子規が同郷の生まれで仲が良く、「愚陀仏庵」という名前の家に同居していたというエピソードも有名です。正岡子規の「柿くへば鐘が鳴るなり法隆寺」という句は、実は夏目漱石が詠んだ「鐘つけば銀杏ちるなり建長寺」という句を元ネタにしているとも言われています。

　クイズで問われやすい事柄は、面白くて一風変わったエピソード。その作家のキャラクター性を踏まえて、こういった事柄を抑えていきましょう。

46

よく出題される問題

QUESTION 1
夏目漱石が飼っており、小説『吾輩は猫である』のモデルにもなったネコの名前は?

QUESTION 2
森鴎外が好んで食していた、一風変わったご飯といえば「何茶漬け」?

QUESTION 3
『走れメロス』でメロスの身代わりとなったのはセリヌンティウス。では、このモデルになったエピソードで太宰治の身代わりとなった人物は誰?

QUESTION 4
川端康成が「ノーベル賞の半分は彼のもの」として、ノーベル賞の賞金の半分を渡している翻訳者の名前は?

QUESTION 5
宮沢賢治が故郷の岩手をもとに創造した理想郷の名前は?

QUESTION 6
野球好きであり、「夏草やベースボールの人遠し」という俳句も残した俳人は?

A. ①ネコ ②饅頭茶漬け ③檀一雄 ④サイデンステッカー ⑤イーハトーブ ⑥正岡子規

必ず覚えたい作家 1

夏目漱石

（なつめそうせき　1867年－1916年）代表作に『三四郎』『それから』『門』の前期三部作、『行人』『彼岸過迄』『こゝろ』の後期三部作など。帝国大学英文科卒業後、松山の尋常中学校の教師として働いた経験は『坊っちゃん』の礎となった。「坊っちゃん」が教えていたのは数学だが、実際の漱石は英語教師である。

　自邸に迷い込んできた猫をペットとして可愛がり、天寿を全うするまで見届けたが、こちらの猫に名前をつけることはなく、「ネコ」と呼び続けたという。対して、飼っていた犬には「ヘクトー」という立派な名前をつけていた。

　「漱石」という名前の由来は故事「漱石枕流」から。ある人が「流れにくちすすぎ石に枕す」というのを「石にくちすすぎ流れに枕す」と言い間違えたのを、過ちと認めずに言い逃れをしたという逸話から、「負け惜しみの強いこと」「変わり者」のたとえとして使われる。

必ず覚えたい作家 2

森鴎外

（もりおうがい　1862年－1922年）代表作に小説『舞姫』『山椒大夫』『高瀬舟』など。代々津和野藩（現在の島根県にあった藩）の典医を務める医者の家系に生まれ、現在の東京大

学医学部に当たる第一大学区医学校予科に最年少で入学。卒業後は軍医となり、最終的には陸軍軍医のトップ医務局長まで上り詰めた。留学した先のドイツで女性と親しくなり、帰国後にその女性が来日した一件は『舞姫』のモデルとなっている。医学博士と文学博士という2つの博士号を持ち、安楽死をテーマとした『高瀬舟』、実在の医師を描いた『澁江抽齋』など、医学と文学を絡めた作品も残した。

甘党であり、娘の森茉莉によると饅頭の茶漬けなる変わった食べ物を好んで食したという。

必ず覚えたい作家 3

太宰治

(だざいおさむ　1909年－1948年）代表作に『走れメロス』『人間失格』『ヴィヨンの妻』『斜陽』など。酒と薬物に溺れた生活の中で作品を発表し、いくたびもの自殺未遂の末、1948年には愛人の山崎富栄と玉川上水で入水心中を遂げた。典型的な破滅型の作家である。熱海で友人と豪遊したところお金が足りなくなり、友人の檀一雄を借金のカタにおいて、東京までお金を借りに帰った。一向に戻ってこない太宰を見かねて東京に檀一雄が戻ると、太宰はのほほんと井伏鱒二（『山椒魚』で知られる作家）と将棋を指していたという。流石に声を荒げて詰問する檀に対して、太宰は「待つ身が辛いかね、待たせる身が辛いかね」と抜かしたという。この檀と太宰は大親友の間柄で、酔った勢いで一緒に自殺未遂までした仲である。

第1回芥川賞では作品『逆光』が候補に上がるも、「作者目下の

生活に厭(いや)な雲ありて、才能の素直に発せざる憾(うら)みあった」と川端康成に表され、落選。「川端康成へ」というメッセージの中で「刺す。そうも思った。大悪党だと思った」と殺害予告に至るまでの恨み節を連ねている。

必ず覚えたい作家 4

川端康成

(かわばたやすなり　1899年-1972年) 代表作に『伊豆の踊り子』『雪国』『古都』など。1968年には日本人として初めてノーベル文学賞を受賞した。受賞記念講演『美しい日本の私』も高名で、のちに2人目のノーベル文学賞受賞者大江健三郎が『あいまいな日本の私』というタイトルでパロディを行なっている。

自らの作品の英訳者エドワード・サイデンステッカーに対してはヨーロッパに自身の作品を伝えたことを高く評価。「ノーベル賞の半分はサイデンステッカー教授のもの」として賞金の半分を彼に渡している。

しかしながら文学賞受賞後はそれを逆に重荷に感じてしまい、作品の発表が停滞、最後はガス管を咥えて自殺した。

必ず覚えたい作家 5

宮沢賢治

(みやざわけんじ　1896年-1933年) 岩手県花巻生まれ。盛岡高等農林学校卒。富商の長男。1921年から5年間、花巻農学校教諭

を務めた。中学時代からの山野跋渉が文学の礎となり、仏教信仰と農民生活に根ざした創作を行っていた。作品中に登場する架空の理想郷をイーハトーブと名付けた、それは郷里の岩手県がモチーフとなっている。生前は無名に近く、作品が評価されたのは亡くなった後のこと。生前に刊行されたのは、詩集『春と修羅』、童話集『注文の多い料理店』のみ。

必ず覚えたい作家 6

正岡子規

（まさおかしき　1867年-1902年）本名、正岡常規。創作活動は、俳句、短歌、新体詩、小説、評論、随筆など多方面にわたり、日本の近代文学に多大な影響を及ぼした。死を迎えるまでの約7年間は結核を患っていた。雅号の子規とはホトトギスの異称で、結核を病み喀血（かっけつ）した自分自身を、血を吐くまで鳴くといわれるホトトギスにたとえたもの。

樋口一葉

（ひぐちいちよう　1872年-1896年）本名、戸籍名は樋口奈津。本人は「夏子」と名乗ることが多かった。24歳で肺結核により死去し

た女流作家。困窮にあえぎながら『たけくらべ』『にごりえ』『十三夜』など、「奇蹟の十四ヵ月」と呼ばれる短期間のうちに怒濤のごとく作品を発表するも24歳という若さで肺結核によりこの世を去る。

📖 松尾芭蕉

（まつおばしょう　1644年－1694年）三重県上野市出身。幼名は金作。北村季吟門下。代表作は『おくのほそ道』。1689年に江戸を発ち東北、北陸を巡り、岐阜の大垣まで旅した紀行文。一日10kmを歩く健脚っぷりや出身地が伊賀であることから忍者説もささやかれている。

📖 大江健三郎

（おおえけんざぶろう　1935年－）愛媛県出身。1959年東京大学仏文科卒業。『飼育』で芥川賞受賞。1994年ノーベル文学賞受賞。代表作は、『個人的な体験』『万延元年のフットボール』など。

📖 サン＝テグジュペリ

（アントワーヌ・マリー・ジャン＝バティスト・ロジェ・ド・サン＝テグジュペリ　1900年－1944年）フランスの作家、操縦士。代表作は『星の王子さま』。第2次世界大戦時、偵察機の搭乗員として出撃を重ね、1944年コルシカ島の基地を発進したまま帰還せず。飛行機乗りとしての経験を生かした『夜間飛行』も名高く、「私にとって飛ぶことと書くことはまったく一つなのです」という言葉を残した。

📖 遠藤周作

（えんどうしゅうさく　1923年－1996年）少年時カトリックの洗礼を受

けた。フランスのカトリック文学を学ぶためリヨン大学に留学した。『白い人』で芥川賞受賞。代表作の一つ『海と毒薬』では、第2次世界大戦中の人体実験を描いた。

📖 江戸川乱歩

（えどがわらんぽ　1894年－1965年）本名、平井太郎。推理作家。名前はアメリカの小説家であるエドガー・アラン・ポーに由来する。25歳で友人と共に「三人書房」という古本屋を開いたり、市立図書館の貸出係やタイプライターのセールスなどいろいろな仕事をしていたという。特に珍しいのが、探偵事務所に勤務していたという経歴。そこで小説のネタが生まれたのかもしれない。

📖 井伏鱒二

（いぶせますじ　1898年－1993年）本名、井伏満寿二。代表作は『ジョン万次郎漂流記』『黒い雨』『山椒魚』など。早稲田大学文学部仏学科を中退し、作家への道を進む。太宰治を弟子のように可愛がり、師弟関係を築いていたが、後半は仲違いになり、太宰とは疎遠になっていたようだ。

📖 芥川龍之介

（あくたがわりゅうのすけ　1892－1927）代表作に『羅生門』『鼻』『地獄変』『河童』など。死の直前に書かれた『歯車』では自身をむしばんでいた片頭痛の前兆症状である閃輝暗点（視界が突然ゆがむ現象）を歯車に仮託して描いた。「僕の将来に対する唯ぼんやりとした不安」と書き残し、服毒自殺した。息子の芥川比呂志は俳優、也寸志は音楽家としてそれぞれ名を残した。

> **傾向**

クイズのいいところでもあり、悪いところでもあるのですが、**本質的な部分より、面白い逸話を意識した出題が多くなります。**

文学史レベルの知識はいわゆる常識として持っておき、そこから派生したものというところがポイントになります。

重要なのは興味深いエピソードのほうです。伝記を読むことはもちろんですが、例えば、作家の記念館に行ったときは、パネル紹介されている、「この人、こんなことやってたんですよ」という、その作家ならではの事実がクイズで問われやすい傾向があります。

> 代表作と作家は「常識」として覚えておこう。誰でも知っている作家が取り上げられやすいよ。
> 作品よりもエピソードの方が出題されやすい。
> 作家のキャラクターを押さえておくと間違いなし。

CATEGORY

クラシックの
作曲家

【第一章】芸術家・建築

「有名作曲家の代表曲とエピソードを知っておこう」

作曲家というクイズのジャンルは、クラシック音楽がターゲットです。また、CMで流れているけど、タイトルがわからないというのがクイズになりやすい。その方が、番組を見ている視聴者の興味をそそることもできるからです。だから、ドラマや映画などで流れているクラシック曲のタイトルは、必ずチェックする習慣をつけておくことが大切です。

特にクラシック音楽の出だしは、イントロクイズでよく使われます。有名な曲の場合は、「最初の1音」までスーパーイントロクイズなどで出題されることがあります。

よく出題される作曲家は、モーツァルトやベートーヴェンやバッハといった有名な作曲家たち。代表作はもちろんですが、有名な作曲家にまつわるエピソードを問う質問も定番です。

例えば、モーツァルトなら、『俺の尻を舐める』という曲を作曲したなど、意外に下品だったエピソード。また幼い頃、マリー・アントワネットに求婚したエピソードなど、歴史的な人物や出来事に絡めたエピソードも知っておきましょう。

ベートーヴェンでよく出題されるのは、「ハイリゲンシュタットの遺書」。甥や弟に向けて書かれた遺書は、「苦悩の人」ベートーヴェンを語る上で欠かすことができません。

55

よく出題される問題

QUESTION 1
モーツァルトが6歳のころにプロポーズしたエピソードがある歴史上の女性は誰?

QUESTION 2
英語圏では「1分間のワルツ」と呼ばれているショパンの作品は何?

QUESTION 3
ベートーベンの三大ピアノソナタとは、『悲愴』『月光』とあと一つは何?

QUESTION 4
『ラインの黄金』『ワルキューレ』『ジークフリート』『神々の黄昏』の4部からなる、ワーグナーの楽劇は何?

QUESTION 5
ヴィオリンの一番低い弦のみで演奏されることから名がつけられたバッハの名曲は何?

QUESTION 6
チャイコフスキーの序曲『1812年』で使用される、普通は楽器として用いないものは何?

A. ①マリー・アントワネット ②『小犬のワルツ』 ③『情熱』
④『ニーベルングの指環』 ⑤『G線上のアリア』 ⑥大砲

> 必ず覚えたい作曲家 1

モーツァルト

（ヴォルフガング・アマデウス・モーツァルト 1756年 – 1791年）オーストリアの音楽家。古典派音楽を代表する一人であり、ウィーンを中心に活躍したウィーン古典派の一人でもある。ローマ教皇から「ゴールデン・スパーのナイト爵位」が授与されている。36年の人生の内、約10年間を旅先で過ごし、合計17回のコンサートツアーを行った。旅先でも作曲ができるように携行していたのがコンパクトな鍵盤楽器「トラベル・ピアノ」である。6歳の頃、マリー・アントワネットにプロポーズしたエピソードも知られる。

> 必ず覚えたい作曲家 2

ショパン

（フルィデールィク・フランチーシェク・ショペーン　1810年 – 1849年）ポーランドの前期ロマン派音楽を代表する作曲家、ピアニスト。作曲のほとんどがピアノ独奏曲であり、ピアノの詩人と呼ばれる。作品『小犬のワルツ』はピアノ初心者に人気が高く、英語圏ではその演奏時間の短さから「一分間のワルツ」と呼ばれる。

> 必ず覚えたい作曲家 3

ベートーヴェン

(ルートヴィヒ・ヴァン・ベートーヴェン　1770年－1827年) ドイツの作曲家、ピアニスト。古典派音楽を頂点まで高め、ロマン派音楽の先駆けともなった。日本では「楽聖」とも呼ばれる。芸術や音楽において影響を受けたのは、文芸ではゲーテやシラー、ウィリアム・シェイクスピア、音楽ではバッハ、ヘンデルやモーツァルトなどである。ウィーンに住んでいた35年間で79回も引越しをしている。

> 必ず覚えたい作曲家 4

ワーグナー

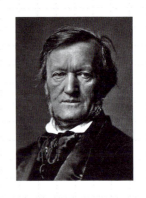

(ヴィルヘルム・リヒャルト・ワーグナー　1813年－1883年)ドイツの作曲家、指揮者、思想家。「楽劇王」とも呼ばれる。音楽だけでなく、理論家、文筆家としてヨーロッパに広く影響を与えた文化人でもある。ワーグナーとブラームスは、そりが合わず犬猿の仲だった。一時期ドイツを追放され、スイスで9年間の亡命生活を送った。不倫や略奪愛の多い人生だったことでも知られる。

　『ラインの黄金』『ワルキューレ』『ジークフリート』『神の黄昏』の4日で構成される『ニーベルングの指輪』がクイズにも頻出。

必ず覚えたい作曲家 5

バッハ

（ヨハン・ゼバスティアン・バッハ　1685年－1750年）18世紀のドイツで活躍した作曲家。バロック音楽の重要人物の一人である。日本では「音楽の父」と称される。一族は音楽家の家系で、数多くの音楽家を輩出した。中でも多大な功績を残しているヨハン・ゼバスティアン・バッハは「大バッハ」とも呼ばれる。作曲家として名を馳せる前に、すでにオルガンの演奏者として有名だった。

必ず覚えたい作曲家 6

チャイコフスキー

（ピョートル・イリイチ・チャイコフスキー　1840年－1893年）ロシアの作曲家。バレエ作品『くるみ割り人形』『眠れる森の美女』『白鳥の湖』が有名。30歳の頃、1年ほど暮らしたモスクワ市西部のクドリンスカヤ通りにある家が「チャイコフスキーとモスクワ博物館」として公開されている。ここで交響曲第2番、バレエ作品「スネグーラチカ」などを仕上げた。

　ナポレオン軍のロシア侵攻をテーマにした序曲『1812』では、演奏に大砲が利用される。生涯にわたってフォン・メック夫人というパトロンが金銭的な援助を続けた。

📖 ドビュッシー

（クロード・アシル・ドビュッシー　1862年－1918年）フランスの作曲家。代表曲『海』の楽譜の表紙には葛飾北齋『富嶽三十六景』の1つ「神奈川沖浪裏」が用いられている。学生時代は、教師陣から「才能はすばらしいが、あの態度は最低だ」と評価されていた。

📖 ブラームス

（ヨハネス・ブラームス　1833年－1897年）ドイツの作曲家、ピアニスト、指揮者。ハンブルクで生まれ、ウィーンで没した。バッハ、ベートーヴェンと共に、ドイツ音楽における「三大B」と言われている。50代後半に、創作意欲がなくなっていった彼は遺書を書き、この世を去ろうとする。しかし死ぬことなく、再度、作曲を始めると『7つの幻想曲』『4つの小品』などの名曲を遺した。

📖 ハイドン

（フランツ・ヨーゼフ・ハイドン　1732年－1809年）古典派を代表するオーストリアの作曲家。弟のミヒャエル・ハイドンも作曲家。「交響曲の父」「弦楽四重奏曲の父」と呼ばれる。

　神聖ローマ皇帝フランツ2世に捧げた『神よ、皇帝フランツを守り給え』のメロディーは現在のドイツ国歌として利用されている。

📖 シュトラウス

（リヒャルト・ゲオルク・シュトラウス　1864年－1949年）ドイツの後期ロマン派を代表する作曲家。交響詩とオペラの作曲で知られ、指揮者としても活躍した。映画『2001年宇宙の旅』冒頭で使われた『ツァラトゥストラはかく語りき』の作曲者。『ラデツキー行進曲』で知ら

れるヨハン・シュトラウス1世や『美しく青きドナウ』で知られるヨハン・シュトラウス2世と混同しやすいが血縁はないので注意。

📖 ヴィヴァルディ

（アントニオ・ルーチョ・ヴィヴァルディ　1678年−1741年）ヴェネツィア出身のバロック後期の作曲家、ヴァイオリニスト。カトリック教会の司祭。代表作の『四季』は、『春』『夏』『秋』『冬』の4曲のヴァイオリン協奏曲。

📖 シューマン

（ロベルト・アレクサンダー・シューマン　1810年−1856年）ドイツ・ロマン派を代表する作曲家。ベートーヴェンやシューベルトの後継者と評された。大学で専攻した法律をやめピアニストを目指すが、指の麻痺で断念。作曲家として生きる。代表作『子供の情景』第7曲『トロイメライ』で知られる。

📖 ストラヴィンスキー

（イーゴリ・フョードロヴィチ・ストラヴィンスキー　1882年−1971年）ロシアの作曲家。代表作品は『火の鳥』『ペトルーシュカ』『春の祭典』など。作曲家だけではなく、指揮者、またピアニストとしても活躍をした。自分で作曲した曲を自分で演奏し、それを録音した。彼ほど多くの「自作自演」の録音をした音楽家は他にはいないという。

📖 ドヴォルザーク

（アントニーン・レオポルト・ドヴォルザーク　1841年−1904年）チェコを代表する作曲家。代表作に交響曲第9番『新世界より』がある。

彼は、今でいう「鉄ちゃん」だった。列車の時刻表や機関車のシリーズ番号を空で言えたという。驚きは、運転士の名前までも暗記していたことだ。

📖 シューベルト

（フランツ・ペーター・シューベルト　1797年－1828年）オーストリアの作曲家。代表作は『魔王』『野ばら』など数多い。才能豊かな彼は、11歳で宮廷礼拝堂の少年聖歌隊員に選抜され音楽の勉強を始めた。31歳という若さでこの世を去るまでに遺した曲は1000曲ほどだと言われている。

📖 山田耕筰

（やまだこうさく　1886年－1965年）日本の作曲家、指揮者。欧米で名を知られた最初の日本人音楽家。1936年フランス政府からレジオンドヌール勲章受章。主な作品は、交響曲『かちどきと平和』、童謡『あわて床屋』『赤とんぼ』など。もともとは「山田耕作」という名前だったが、頭のハゲを指摘されて「カツラをつけろ」と言われたとき、名前に「竹かんむり」をつけるという意味で改名した。

📖 滝廉太郎

（たきれんたろう　1879年－1903年）明治の日本の音楽家、作曲家。洋楽輸入以後の日本で最初の本格的な作曲家。作品は『荒城の月』『鳩ぽっぽ』『お正月』など。

傾向

　有名な作曲家と代表曲、その代表曲の旋律は、まず基本中の基本となり、そしてその作曲家にまつわる有名なエピソードなども度々出題されるので注意が必要です。その場合、その作曲家の原点やターニングポイントになったエピソードは、テレビを観ている視聴者にとても有意義な情報になるため、よく出題されます。

　クラシック音楽の作品は「メロディは聞いたことがあるんだけどタイトルが分からない」ということになりがちです。日頃から聞いた曲のタイトル、作曲家にアンテナを高く張っておきましょう。

ドラマや映画、CMで流れるクラシック音楽は、チェックしよう。
主に取り上げられる作曲家は、10人程度。日本人はあまり出ないけど、有名な作曲家と代表曲、旋律の三大要素は押さえておこう。
有名作曲家にまつわるエピソードも、忘れずに！

CATEGORY

世界で活躍する
画家

タッチや画風、独特のこだわり、事実を知ろう

画家やその作品は一部を切り取るだけで問題になります。作者自身のエピソードもそうですが、画風や代表作を押さえることも大切です。

ピカソ、ゴッホ、ダ・ヴィンチはよく出題される三大画家。ラファエロなどルネッサンス期の画家もかなり出題されます。

ミレー、ブリューゲルも押さえておきたいですね。また、オランダの画家ということでフェルメール、レンブラント。植物を人の顔に当てはめて描いた絵に特徴のあるアルチンボルト、静物画を好んだセザンヌなどへの目配りも重要です。

また、浮世絵の影響を受けてゴッホは『タンギー爺さん』を、マネは『ラ・ジャポネーズ』を描いたりもしています。

日本の画家は葛飾北斎、喜多川歌麿、歌川広重に雪舟、鶏の絵で有名な伊藤若冲あたりでしょうか。少し新しいところで東山魁夷、横山大観、棟方志功、山下清。代表作を見渡してください。

北斎の『富嶽三十六景』、実は46枚で、広重の『東海道五十三次』は55枚ある、というあたりは重要です。

よく出題される問題

次の①〜⑥を描いた画家はそれぞれ誰でしょう？

A． ①ピカソ ②ゴッホ ③フェルメール ④ミレー ⑤葛飾北斎 ⑥横山大観

必ず覚えたい画家 1

ピカソ

（パブロ・ディエゴ・ホセ・フランシスコ・デ・パウラ・ファン・ネポムセーノ・チプリアーノ・デ・ラ・サンティシマ・トリニダード・ルイス・ピカソ　1881年－1973年）スペインで生まれ、フランスで制作活動をした画家、彫刻家。本名は長く、聖人や縁者の名前が並べられている。生涯で青の時代、ばらの時代、アフリカ彫刻の時代、キュビスムノ時代……というように目まぐるしく作風を変遷させていった。キャリア初期の写実的な画風は意外性もあってかクイズでも問われやすい。

必ず覚えたい画家 2

ゴッホ

（フィンセント・ファン・ゴッホ　1853年－1890年）代表作は『ひまわり』『夜のカフェテラス』『耳を切った自画像』ほか。約10年の活動期間で、油絵、水彩画、素描、版画、手紙に描き込んだスケッチなどを合わせて2100点以上の作品を残した。ゴーギャンとアルルで共同生活を2か月あまりにわたって送ったが、関係性の悪化の末、自身の耳を切る事件を起こしている。『ひまわり』は7点が制作されたとされ、その中の1点が「若屋のひまわり」。

必ず覚えたい画家 3

フェルメール

（フィンセント・ヴィレム・ファンヨハネス・フェルメール　1632年－1675年）オランダの画家。絵に使用される鮮やかな青は、ラピスラ

ズリから作られるアクアマリンブルーで、「フェルメール・ブルー」と呼ばれる。よくクイズに出題される絵は、青いターバンをした女性が振り向いた姿を切り取った『真珠の耳飾りの少女』という名の作品で、「北方のモナリザ」とも呼ばれている。別名「青いターバンの少女」ともいう。

必ず覚えたい画家 4

ミレー

（ジャン・フランソワ・ミレー　1814年-1875年）フランスの画家。代表作は『落穂拾い』『種まく人』『晩鐘』など。バルビゾン派の代表的画家の1人。特に農民画で知られる。家庭は敬虔なカトリック教徒。1867年のパリ万国博覧会の美術展に『落穂拾い』『夕暮れに羊を連れ帰る羊飼い』など9点を出展。一気に評価を高めた。

必ず覚えたい画家 5

葛飾北斎

（かつしかほくさい　1760年-1849年）江戸時代後期の浮世絵師。化政文化を代表する一人。代表作は『富嶽三十六景』『北斎漫画』など。評価は日本だけにとどまらず、世界的にも著名な画家である。ゴッホほか印象派画壇の芸術家や、工芸家、音楽家などにも影響を与えた。作品では森羅万象を描き、発表した作品数は生涯で3万点を超える。『北斎漫画』など絵本も出版している。

　娘の応為も浮世絵師であり、葛飾北斎の作とされる作品のいくつかは、実際には彼女の手によるものとされる。

必ず覚えたい画家 6

横山大観

（よこやまたいかん　1868年－1958年）本名、横山秀麿。日本の美術家、日本画家。茨城県名誉県民。東京都台東区名誉区民。大の酒好きで、いつも飲んでいた酒は広島の「酔心」だった。酔心山根本店の社長・山根薫と意気投合したことがきっかけとなり、山根が一生の飲み分を約束。無償で大観に送っていた。大観は代金のかわりとして毎年1枚ずつ自分の絵を無償で送り、結果、酔心酒造に大観の記念館ができることとなった。

📖 アルチンボルト

（ジュゼッペ・アルチンボルド　1526年－1593年）イタリアの画家。花や野菜、動物を組み合わせて描いた絵は一度見たら忘れないだろう。また作品によっては、逆さにしてみると異なった絵になる仕掛けなどを施したものもある。

📖 伊藤若冲

（いとうじゃくちゅう　1716年－1800年）近世日本の画家の一人。江戸時代中期の京で活躍した。クイズで江戸時代の鶏の絵が出題されれば、ほぼ伊藤若冲だと思っていいだろう。しかし鮮やかな色使いで鶏以外にも犬やカエル、昆虫なども描いている。代表作の『仙人掌群鶏図障壁画』では、ニワトリを描いている。

📖 ダ・ヴィンチ

（レオナルド・ディ・セル・ピエーロ・ダ・ヴィンチ　1452年－1519年）
イタリアのルネサンス期を代表する芸術家。代表作は『最後の晩餐』
（サンタ・マリア・デレ・グラツィエ聖堂の修道院食堂）、『ウィトルウ
ィウス的人体図』『モナ・リザ』など。「ダ・ヴィンチ」とは、ヴィン
チ村出身であることを意味し、個人名の略称としては「レオナルド」
を用いる。

📖 セザンヌ

（ポール・セザンヌ　1839年－1906年）フランスの画家。モネやルノ
ワールらとともに印象派の一員として活動。1880年代から絵画様式
を探求。ピカソなど20世紀を代表する画家にも多大な影響を与えた
ことで、「近代絵画の父」と呼ばれる。静物画を数多く残し、『リン
ゴとオレンジのある静物』など。「リンゴ1つでパリを驚かせたい」と
いう言葉を残した。

📖 棟方志功

（むなかたしこう　1903年－1975年）日本の板画家。青森県出身。
20世紀の美術を代表する世界的巨匠の一人。版画家になるきっか
けは、川上澄生の版画『初夏の風』に感銘を受けたこと。「わだば
ゴッホになる」と言って青森から状況し、成功を収めた。版画を「板
画」と称した。

📖 山下清

（やましたきよし　1922年－1971年）日本の画家。知的障害児の施
設で貼り絵を習得。その作品が評判となり、画壇でも認められる。放

浪生活を繰り返し、旅のノート、スケッチは11冊に及ぶ。その生き方は『裸の大将』として映画化もされた。平成6年には京都市に裸の大将記念館がオープン。『長岡の花火』など花火を描いた作品を残し、最後は「今年の花火はどこへ行こうかな」と言い残して亡くなった。

📖 モネ

（クロード・モネ　1840年－1926年）印象派を代表するフランスの画家。代表作の『印象・日の出』が「印象派」の名前の由来になった。

📖 レンブラント

（レンブラント・ハルメンソーン・ファン・レイン　1606年－1669年）オランダの画家。バロック期を代表する画家の一人。主要作品は『ニコラース・テュルプ博士の解剖学講義』『夜警』『放蕩息子の帰宅』など。ダイナミックな表現と光と影の明暗を明確にする技法が特長。

📖 歌川広重

（うたがわひろしげ　1797年－1858年）本名、安藤重右衛門。代表作に『東海道五十三次』。江戸時代の浮世絵師。定火消同心の安藤家に生まれ家督を継いだ後、浮世絵師となった。風景を描いた木版画で人気となり、ゴッホやモネなどの西洋の画家にも影響を与えた。

📖 ラファエロ

（ラファエロ・サンティ　1483年－1520年）ルネサンス期を代表するイタリアの画家。ミケランジェロ、レオナルド・ダ・ヴィンチと並び、盛期ルネサンスの三大巨匠と呼ばれている。代表作は『アテナイの学堂』や『システィーナの聖母』。

📖 ブリューゲル

（ピーテル・ブリューゲル　1525～30年頃-1569年）農民の生活を多く作品に残し、「農民の画家」と呼ばれる。彼は生前から人気の高かった画家で、代表作品は『バベルの塔』。『ネーデルラントの諺』という絵には農民たちの日常生活が描かれているが、その中には、100以上のネーデルラントの諺が描かれているという。

📖 歌川国芳

（うたがわくによし　1798-1861）斬新かつポップな作風で近年評価が高まっている浮世絵師。猫や金魚を描いた作品、巨大なしゃれこうべを描いた『相馬の古内裏』、人が寄せあつまって顔を形成する『みかけハこハゐが とんだいゝ人だ』などユニークな作品を多く残した。

📖 東洲斎写楽

（とうしゅうさいしゃらく　生没年不詳）江戸時代中期に活躍した謎の多い浮世絵師。約10か月の短い期間に役者絵など150点ほどの作品を版行したのち、忽然と姿を消したと言われている。「しゃらくさい」という、小生意気なことを表す言葉は、写楽からとったとされる説がある。

📖 雪舟

（せっしゅう　1420年-1506年）室町時代の水墨画家、禅僧。代表作品は『山水長巻』『破墨山水図』『鎮田瀑布図』『山寺図』『天橋立図』など。山口の雲谷庵を本拠として、死没までの間に美濃、京都、丹後などへ旅をした。子供のころ柱にしばりつけられた際、涙でねずみの絵を書いたというエピソードも知られる。

> **傾向**

　逸話よりも、まずは画家別に特徴のある絵そのものが重要です。
　ピカソは、本名がめちゃくちゃ長く、パブロ・ディエゴ・ホセ・フランシスコ・デ・パウラ・ファン・ネポムセーノ・チプリアーノ・デ・ラ・サンティシマ・トリニダード・ルイス・ピカソです。これをおぼえていると評価は高い。
　ゴッホはゴーギャンと生活して耳を切った。また、セザンヌの作品に『ひまわりを描くゴッホ』があります。仲よしだったということで、覚えるとよいかもしれません。
　棟方志功も山下清も奇行で有名です。山下は最後、「今年の花火はどこに行こうかな」と言い残して亡くなりました。北斎は娘の応為が実は作品の一部を描いていた、という衝撃的な情報が最近よく出ます。

水上ポイント

まずは代表作、流派別のタッチ、画風を眺めよう。
画家別のこだわりに注目して、好みを押さえておこう。
エピソードは有名なもの、新発見されたことを中心にして、どんな環境で育ったのかも、興味を増すために覚えておこう。

CATEGORY

馴染みが浅いが重要な
建 築 家

【第1章】 芸術家・建築

人物そのものよりも、特徴ある建築物とセットで！

　近代建築の三大巨匠と言われるフランク・ロイド・ライト、ミース・ファン・デル・ローエ、ル・コルビュジエは重要です。フランク・ロイド・ライトの代表作『落水荘』は水が落ちる荘で北斎の浮世絵の影響を受けたと言われています。これは、もともとはエドガー・カウフマンという実業家の別荘として建てられたことも覚えておきましょう。

　ミース・ファン・デル・ローエは機能美を重視しており、代表作としてトゥーゲントハット邸があります。1992年にチェコとスロバキアが分離独立を決めた際に、調印式が行われた歴史的な場所でもあります。

　おそらく、日本で最も有名なのはル・コルビュジエで、代表作が国立西洋美術館です。

　他に押さえておきたいのは、まずザハ・ハディドとアントニオ・ガウディです。個人的に注目しているのがフランク・ゲーリーという奇才とも天才とも称される、現代建築家。さらに根津美術館と新国立競技場の隈研吾でしょう。

73

よく出題される問題

次の①〜⑥の建築家はそれぞれ誰でしょう？

A. ①アントニオ・ガウディ ②隈研吾 ③ザハ・ハディド ④フランク・ロイド・ライト ⑤ル・コルビュジエ ⑥フランク・ゲーリー

必ず覚えたい建築家 1

アントニオ・ガウディ

（アントニ・ガウディ　1852年–1926年）スペインの建築家。代表作『サグラダ・ファミリア』。19世紀から20世紀にかけてのモデルニスモ期のバルセロナを中心に活動した。サグラダ・ファミリア、グエル公園、カサ・ミラなどはアントニオ・ガウディの作品群として1984年ユネスコの世界遺産に登録された。

必ず覚えたい建築家 2

隈研吾

（くま けんご　1954年–）日本の建築家。神奈川県横浜市出身。木を効果的に建築に用い、「和の大家」とも称される。代表作『梼原木橋ミュージアム』。1964年の東京オリンピックの時、丹下健三氏が設計した代々木体育館の建築に衝撃を受け、建築家を志す。2019年にこけら落としとなった新国立競技場の設計を手掛けた。

必ず覚えたい建築家 3

ザハ・ハディド

（ザハ・ハディド　1950–2016年）イラク・バグダード出身。イギリスを拠点に活躍した建築家。代表作『ヘイダル・アリエフ・センター』『東大門デザインプラザ』。現代建築における脱構築主義を代表する建築家の一人。デザインが奇抜すぎて建築されないことも多く「アンビルトの女王」とも呼ばれる。

必ず覚えたい建築家 4

フランク・ロイド・ライト

（フランク・ロイド・ライト　1867年－1959年）アメリカの建築家。代表作『カウフマン邸』『落水荘』『自由学園明実館』。ル・コルビュジエ、ミース・ファン・デル・ローエと共に「近代建築の三大巨匠」と呼ばれる。「フランク・ロイド・ライトの20世紀建築作品群」として、ユニティー・テンプル、フレデリック・C・ロビー邸、タリアセン、バーンズドール邸（ホリーホック邸）、落水荘、ハーバート・キャサリン・ジェイコブス邸、タリアセン・ウエスト、グッゲンハイム美術館の8件が世界遺産に登録された。「カーポート」の名付け親。

必ず覚えたい建築家 5

ル・コルビュジエ

（ル・コルビュジエ　1887年－1965年）スイスで生まれ、フランスで主に活躍した建築家。本名はシャルル・エドゥアール・ジャヌレ・グリ。代表作『ユニテ・ダビタシオン』。ル・コルビュジエの建築のうち、ドイツのヴァイセンホーフ・ジードルングの住宅、日本の国立西洋美術館などの7か国17件が、世界遺産に登録された。

必ず覚えたい建築家 6

フランク・ゲーリー

（フランク・オーウェン・ゲーリー　1929年－）アメリカ合衆国のロサンゼルスを本拠地とする、カナダ・トロント出身の建築家。代表作『ウ

ォルト・ディズニー・コンサートホール』。コロンビア大学建築大学院教授。1989年にプリッカー賞を受賞。グニャグニャとした独特な建築で「鬼才」と評される。

黒川紀章

（くろかわ きしょう　1934年－2007年）日本の建築家、思想家、実業家、政治活動家。代表作『国立新美術館』や、中銀カプセルタワービルがあり、「カプセルホテル」の生みの親ともされる。マケドニアの首都スコピエの都市計画も手がけた。1986年に建築界のノーベル賞と言われるフランス建築アカデミーのゴールドメダルを受賞した。

ファン・デル・ローエ

（ルートヴィヒ・ミース・ファン・デル・ローエ　1886年－1969年）ドイツ出身の建築家。代表作『バルセロナパビリオン』は、バルセロナ万博で造られたドイツ館で、モダニズムの空間を実現したものとして名高い。近代主義建築のコンセプトの成立に貢献した建築家。

アルヴァル・アールト

（アルヴァル・アールト　1898年－1976年）本名フーゴ・アルヴァル・ヘンリク・アールト。フィンランド出身。都市計画家、デザイナー。代表作『アカデミア書店』。活動は建築から家具、ガラス食器などの日用品のデザイン、絵画までと多岐にわたる。ユーロ導入まで使用されていた50フィンランド・マルッカ紙幣に肖像が描かれていた。

📖 ブルーノ・タウト

（ブルーノ・タウト　1880年-1938年）ドイツ出身。表現主義の建築家、都市計画家。代表作『鉄の記念塔』『ガラスの家』。ナチスの迫害から逃れるため、来日し3年半滞在した。桂離宮を「泣きたくなるほど美しい」と絶賛した。

📖 レンゾ・ピアノ

（レンゾ・ピアノ　1397年-）イタリア出身建築家。インテリアから公共建築まで幅広く手がけている。リチャード・ロジャース共同で手がけたポンピドゥー・センターの設計で知られる。

📖 安藤忠雄

（あんどうただお　1941年-）日本の建築家。東京大学特別栄誉教授。21世紀臨調特別顧問、東日本大震災復興構想会議議長代理、大阪府・大阪市特別顧問。代表作は『光の教会』。過去にはプロボクサー経験もあり、リングネームは「グレート安藤」。

📖 丹下健三

（たんげけんぞう　1913年-2005年）日本の建築家、都市計画家。代表作『国立代々木競技場』。「世界のタンゲ」と言われ、日本人建築家として世界で活躍した。高度経済成長期にかけて、多くの国家プロジェクトを手がける。磯崎新、黒川紀章、槇文彦、谷口吉生などの世界的建築家を育成。フランス政府よりレジオンドヌール勲章受章。また、日本人として初めてプリッツカー賞を受章した。

> 傾向

建築家自体は、問題にされづらい傾向にあると思います。なんといっても有名な建築物ありき、となることが多いでしょう。

その建築物の細かな評価、評判は、建築学や歴史学の視点から生まれてくることが多いのですが、クイズではそこまでの解答を求められることは少ないと思います。アントニオ・ガウディなど一部の建築家を除いて、おおよそ第二次世界大戦以降の建築物で、有名な作品を作ってきた建築家が、その作品とともに取り上げられる傾向があります。

例えば、いまも大学で教鞭をとっているカナダ出身のフランク・ゲーリーは、女性を抱きかかえているかのような印象を見る人に与える「ダンシング・ハウス」など奇抜な建築が特徴です。また隈研吾なら、どんな建築物にも木材が使われているのが特徴です。

> 現存する有名な建築物を見てみよう。
> 近現代の建築家が出題対象となることも多いよ。
> 建築史的な知識より、写真や実物の建築物を見るとイメージが湧くよね。

水上ポイント

CATEGORY

海外旅行好きなら知っている
世界の建築

旅行で訪ねたい歴史的建築物をまず押さえよう

　世界の建築を考えてみましょう。やはりテレビクイズでは、見た目でインパクトのある建物や長い歴史を持ったものがよく出題されています。また写真問題では、外観だけではなく内観からも出題されることがあります。

　例えばジャワ島にあるボロブドゥール。以前、ここの仏像をアップ画像で見せ、そこから少しずつ引いていくといった問題が出ました。仏像がわかると多くの人は「日本のどこかかな？」と考えてしまいます。しかし全体が見えてくるとピラミッド状の建造物だということがわかります。

　タワーやビルなどでは高さ、大きさをチェックしてください。自由の女神とピラミッドではどちらが高いかなど、世界各国のランドマークを比較させる問題が頻出です。

　また特徴的な建物が点在するブラジリアなどの都市も要チェックです。この都市の大規模建築はブラジルの建築家、オスカー・ニーマイヤーによるものが多いのです。建築家のカテゴリーでもお話ししましたが、建築物と建築家はセットで覚えることができれば最高です。さらに、インドではタージ・マハル、イタリアではスカラ座、パリではエッフェル塔など、各場所で、どんな建物が有名なのかということをチェックしましょう。

A. ①アンコールワット ②タージ・マハル ③ボロブドゥール ④ブランデンブルク門 ⑤アルハンブラ宮殿 ⑥聖ワシリイ大聖堂

必ず覚えたい世界の建築 1

アンコールワット／カンボジア

カンボジア北西部のユネスコの世界遺産（文化遺産）であるアンコール遺跡の一つで、遺跡群を代表する寺院。もとはヒンドゥー教寺院として建造されたが、16世紀後半に仏教寺院に改修。現在、上座部仏教寺院となっている。クメール建築の傑作とされ、大伽藍と美しい彫刻が特徴。カンボジア国旗にも象徴として描かれている。14世紀にタイのアユタヤ王朝に滅ぼされて以降、フランス人植物学者に発見されるまで400年以上、密林の中に埋もれていた。1992年に世界文化遺産に登録。

必ず覚えたい世界の建築 2

タージ・マハル／インド

タージ・マハルは、インド・イスラム文化の代表的建築である。インド北部アーグラにある総大理石の墓廟で、完璧な対称性を誇る。1983年に世界遺産に登録された。ムガル帝国第5代皇帝シャー・ジャハーンが、愛妃ムムターズ・マハルをとむらうために建設したもので、1632年に建設を始めた。常時2万人の労働力を投入し、22年の歳月をかけて1653年に完成した。

【必ず覚えたい世界の建築 3】

ボロブドゥール／インドネシア

　ボロブドゥールは世界最大規模の仏教遺跡であり、世界的な石造遺跡である。8世紀後半から9世紀にかけて、ジャワ島中部のケドゥ盆地にシャイレーンドラ王朝が建造した。1991年に「ボロブドゥール寺院遺跡群」の一部としてユネスコの世界遺産に登録されている。2010年ムラピ山の噴火により、火山灰の被害を受けた。2010 年ムラピ山の噴火により、火山灰の被害を受けたが、それよりも数百年前にムラピ山の噴火で、1000年以上の間、灰の下に埋まっていた。1814年、イギリスのラッフルズ提督に発見され、現在に至っている。

【必ず覚えたい世界の建築 4】

ブランデンブルク門／ドイツ

　ドイツ・ベルリンにあるプロイセン王国の凱旋門として建てられた。昔、フランスがドイツに攻め込み、ベルリンが占領された時に、ブランデンブルク門に飾られていた勝利の女神、ヴィクトリアの像が戦利品として持ち去られたと言われる。第二次世界大戦が終わると、ドイツは東西に分断され、ベルリンの壁ができると同時にこの門を通行することが禁じられた。1989年12月22日に通行できるようになった。上部の4頭立ての馬車像「クアドリガ」がポイントでよく出題される。

【第1章】 芸術家・建築

必ず覚えたい世界の建築 5

アルハンブラ宮殿／スペイン

　「イスラム建築の華」といわれるスペインのアンダルシア州の丘のある宮殿。一応、宮殿と呼ばれているが、中に入ると宮殿とともにマーケットや、軍事用の建物もあり、城塞都市の体を成している。当時は、この都市に2000人以上が生活していたという。ナスル朝宮殿は、典型的なアラブ様式の建造物で非常に美しい。アルハンブラとは、アラビア語で「赤」という意味で、「赤い城」と呼ばれていた。付近にあるヘネラリーフェ庭園も美しく、見所となっている。

必ず覚えたい世界の建築 6

聖ワシリイ大聖堂／ロシア

　モスクワの赤の広場に建てられたロシア正教会の大聖堂で、正式名称は「堀の生神女庇護大聖堂」。1551年から4年間かけてイヴァン4世が、カザン・ハーンを捕虜とし勝利したことを記念して建立したもの。1990年にユネスコの世界遺産に登録された。タマネギの形に似ている屋根は「クーポル」といい、ローソクの炎をイメージしている。

📖 スペイン広場／イタリア

　イタリア、ローマの中心街にある広場。間近にバチカン市国のスペイン大使館があったことが名前の由来。中央には、ジャン・ロレンツォ・ベルニーニの「バルカッチャの噴水（舟の噴水）」、東側には『ロ

ーマの休日』で有名なスペイン階段がある。

📖 サン・ピエトロ大聖堂／バチカン市国

バチカン市国南東端にあるカトリック教会の総本山。キリストの弟子、ペトロの墓所をまつる聖堂で、キリスト教の教会建築として世界最大級の大きさ。北にバチカン宮殿、バチカン美術館などがあり、国全体が『バチカン市国』としてユネスコの世界遺産（文化遺産）に登録されている。

📖 オペラハウス／オーストラリア

シドニーにある歌劇場・コンサートホール・劇場。オペラ・オーストラリア、シドニー・シアター・カンパニー、シドニー交響楽団の本拠地。設計者はヨーン・ウツソン。世界で最も建造年代が新しい世界遺産。舟のヨットの帆を思わせる印象的な外観は、デンマークの建築家ヨーン・ウツソンが手がけた。

📖 スカラ座／イタリア

イタリアのミラノにある歌劇場で、世界三大オペラ座の一つにも挙げられる。1778年に開館。こけら落としはアントニオ・サリエリのオペラ曲『見出されたエウローパ』。

📖 エッフェル塔／フランス

フランスの首都パリのシンボル。建築当初の高さは312.3mで、現在は324m。1930年まで世界一高い建築物だった。名前は設計および建設者であるギュスターヴ・エッフェルに由来。1889年のパリ万博の目玉として公開された。開幕時にはエレベーターが未完成で、

観光客の入場はできなかった。

📖 コロッセオ／イタリア

　西暦80年に完成した古代ローマ時代の闘技場。建設当時の正式名称はフラウィウス円形闘技場という。ここでは、象やライオンなどの猛獣と人間や、人間同士の殺し合いが行われ、約5万人収容できたといわれる。観客席に並んだ人たちがそれを楽しんでいたという。4階構造になっていて、1階は貴族たちの特等席、2階は騎士階級の人たち、3階は一般市民、4階は、奴隷たちの席といったつくりになっている。

📖 ルーブル美術館／フランス

　パリのセーヌ川右岸に位置するフランスの国立美術館。12世紀にフランス王フィリップ2世が建設したルーブル宮殿が美術館として使用されるようになった。収蔵品38万点以上。世界で最も入場者数の多い美術館で、毎年800万人を超える。印象的なのは、イオ・ミン・ペイがつくった「ガラスのピラミッド」。

【第1章】芸術家・建築

> 傾向

　アジアの有名建築物ベスト3、アンコールワット、タージ・マハル、ボロブドゥールは必ず押さえておきたいですね。**有名建築を押さえるときは、外観はもちろん、そこの内部も調べておくのがポイントです。**

　各国、一つくらい、世界の旅行ガイドブックの表紙になっている建築物、と心掛けるといいかもしれません。知識として加えるとすればエッフェル塔なら、パリ万博のときに造られたとか、アントニオ・ガウディは直線を使わなかったので、サグラダファミリアは中がぐにょぐにょしているということ。ピサの斜塔は階段が平らではないです。転ばないように、みんなが真ん中を歩くので、すり減っているんですね。

水上ポイント

世界の歴史的ランドマークを押さえよう。
旅行で行きたいところベスト10の建築物や世界遺産になっている建築物も重要だよ。
外観は前提として、特徴的な内部も知っておこう。

CATEGORY

歴史クイズには欠かせない
日本の城

ビジュアルの特徴的な天守閣が現存する城は必須

　戦国時代から江戸時代にかけて、日本には数万の城がありました。時代の変遷や立地条件によって山城、平城、平山城、水城の4つの種類に分けられますが、江戸初期の一国一城令、明治維新の廃城令、そして太平洋戦争を経て全国で天守閣が現存する城は、姫路城、松江城、彦根城、松本城、犬山城、高知城、伊予松山城、丸亀城、宇和島城、備中松山城、丸岡城、弘前城の12城。この城に関しては城の特徴や城主については知っておきましょう。

　さらに織田信長、豊臣秀吉、徳川家康、あるいは武田信玄や上杉謙信といった人気の戦国武将の夢の跡となった城の変遷についてもよく出題されます。

　例えば天下布武を目指して城造りを変えた信長であれば、小牧山城、岐阜城、安土城については城の構造は勿論のこと、その城にまつわるエピソードも要チェック。

　また、城を形作る堀、馬出、櫓、虎口、狭間、石垣といった専門用語も知っておかないと、解答に困ってしまうこともあります。

　天守閣が現存する城から、今は亡き山城まで、戦国ワンダーランドを満喫することが大切です。

よく出題される問題

次の①〜③の日本の城の名前は何というでしょう？

A. ①姫路城　②竹田城　③松本城

必ず覚えたい日本の城 1

姫路城／兵庫県

　兵庫県姫路市にある江戸時代初期に建てられた城。建造時の天守や櫓などが現存している。国宝や重要文化財、ユネスコの世界遺産、日本100名城などに選定されている。1346年に赤松貞範が築城したことからはじまり，羽柴（豊臣）秀吉が整備、池田輝政が修築を行い、城郭として現在の規模になった。白漆喰で塗られた城壁の美しさから、別名「白鷺城」とも呼ばれるとされるが、天守が「鷺山」に置かれていることからなど、別称には諸説ある。

必ず覚えたい日本の城 2

竹田城／兵庫県

　現在の兵庫県朝来市和田山町竹田にある城。国の指定史跡。古城山山頂に築かれた山城で、最後の城主赤松広秀が今に残る総石垣造の城に改修した。全体が虎が伏せているように見えることから、「虎臥城」とも称される。また、しばしば円山川の川霧で霞むことから、「天空の城」「日本のマチュピチュ」とも呼ばれる。平成18年に「日本100名城」に選定され、平成24年には「恋人の聖地」として認定された。

必ず覚えたい日本の城 3

松本城／長野県

　長野県松本市に位置し、五重六階の天守が現存している日本最

古の城。安土桃山時代末期から江戸時代初期に建造された天守は国宝に指定され、城跡は国の史跡に指定されている。戦国時代に築かれた深志城が前進となったといわれる。外壁面の黒漆の色から「烏城」と呼ばれることもあるが、過去の文献上での記述はなく、松本城管理事務所では別名とするのは誤りとしている。

弘前城／青森県

弘前城は、青森県弘前市にあり、江戸時代に建造された天守や櫓などが現存する東北唯一の城。別名「鷹岡城」「高岡城」。国の重要文化財に指定されている。城跡は国の史跡に指定。江戸時代には津軽氏が居城し弘前藩の藩庁が置かれた。

丸岡城／福井県

福井県坂井市丸岡町霞にあった城。別名「霞ヶ城」。安土桃山時代に建造されたと推定される天守だけが残っている。天守は重要文化財に指定されている。江戸時代には丸岡藩の藩庁であった。

犬山城／愛知県

愛知県犬山市にあった城。室町時代に建てられた天守は、現存する日本最古の様式で、国宝指定されている。城跡は「犬山城跡」として、国の史跡に指定。日本の城で最後まで個人所有されていた城。

彦根城／滋賀県

滋賀県彦根市にある城。天守、附櫓、多聞櫓は国宝、城跡は特

別史跡かつ琵琶湖国定公園第1種特別地域である。江戸時代には彦根藩の政庁が置かれた。明治時代に出された「廃城令」により、彦根城の天守閣は700円で落札され解体される予定だった。しかし明治11年10月に明治天皇が彦根城を通った時に、「解体はやめよ」と命じたと言われている。

📖 松江城／島根県

江戸時代、現在の島根県松江市に建てられた。別名「千鳥城」。山陰では、唯一、天守が現存している。城跡は国の史跡に指定されている。宍道湖北側湖畔の亀田山に築かれ、日本三大湖城の一つ。建築中に石垣が築けない場所があり、人柱として踊りの上手な少女を生贄にしたという。完成したが城主が亡くなるなど不運が重なり、少女の祟りだと言われ、城下では盆踊りをやめたという逸話がある。

📖 備中松山城／岡山県

岡山県高梁市内山下にある城。別名「高梁城」。日本各地にある松山城との混同を避けるために、一般的には「備中松山城」と呼ぶ。標高430mの臥牛山山頂にあり、現存天守を持つ山城としては最も高い場所に位置する。時期や条件などが合えば雲海に浮かぶ姿も見られる。

📖 丸亀城／香川県

讃岐国、現在の香川県丸亀市にある城。別名「亀山城」「蓬莱城」。高さ約60mという日本一の石垣を有する。室町時代初期の築城で、天守は現存12天守の一つ。丸亀城は江戸時代初期に一度、廃城になったが、その後再建築された。

伊予松山城／愛媛県

愛媛県松山市にある城。別名「金亀城」「勝山城」。各地の松山城と区別するため「伊予松山城」と呼ばれることもあるが、一般的に「松山城」といえば、この城を指すことが多い。現在は大天守を含む21棟の現存建造物が国の重要文化財、城郭遺構が国の史跡に指定されている。

宇和島城／愛媛県

愛媛県宇和島市丸之内にある城で1671年に完成したまま現存している。別名「鶴島城」。上空から見ると城の外郭は不等辺五角形をしているが、普通に見れば四角形と錯覚させる技術を用いている。二条城や今治城などを築城した築城技術の名手、藤堂高虎が築城した。国の史跡に指定されている。

高知城／高知県

高知県高知市にある土佐藩主、山内氏が本城とした城。別名「鷹城」と呼ばれる。江戸時代初期に山内一豊によって築城されたが、その後、城下町の大火にあい、焼失した。その後、再建された。天守や本丸御殿、追手門などが現存し、城跡は国の史跡に指定されている

> 傾向

　よく出題されるのは、ビジュアルが特徴的な城です。

　例えば国宝8棟と重要文化財74棟が連なり「白鷺城」とも呼ばれる姫路城。軍事・経済の要衝に徳川政権初の天下普請で築城された彦根城。そして雲海に浮かぶ天空の城・竹田城などは押さえておきたいところです。

　さらに城が合戦の舞台となった大阪城、小田原城、小谷城などについては、その城を巡る攻防戦もチェックする必要があります。

　さらに名城には、謎と伝説がつきもの。姫路城に取り憑いた十二単(ひとえ)を着た妖美な姫君、生き埋めにされた人柱の怨念が城主の命を奪いお家断絶にいたった松江城などのエピソードも視聴者に好まれるため、出題されるケースも多いです。さらに歴史にその名を残した兵糧攻め、水攻めなど攻城戦も知っておくとよいでしょう。

天守閣が現存する12城は、城主、歴史的背景も押さえておこう。
特にビジュアルの特徴的な城や、人気の戦国武将の城の変遷はエピソードといっしょに知っておくべきだね。
今人気の山城も、代表的なものはチェックしよう。

MIZUKAMI NOTE

第2章
料理・スポーツ
FOOD, SPORTS

料理は一番身近なものから、スポーツは国際大会を中心に！

【CATEGORY】

世界料理
郷土料理
オリンピック・
サッカーワールドカップ

CATEGORY

世界の文化から生まれる
世界料理

人気観光スポットの料理は誕生秘話までチェック

　クイズでは、食や観光地などの身近なものは、問われやすいので外せません。吉田兼好の徒然草に「食は、人の天なり（＝生命にとって太陽と同じくらい重要）」という言葉がありますが、人間にとって切っても切り離せないもの。世界のどこの国に行っても、郷土料理が存在するのはそのためです。その土地で生まれたソウルフードは、その土地に育った人達が代々受け継ぎ、食文化を紡いでいます。「食」を通して、その国の「文化」を知ることができます。ということは、逆に「文化」からその国の「料理」を推測することも可能なのです。

　例えば、タイといえば、ガパオライスやパッタイ。ベトナムではフォーやミーゴレン、ナシゴレン。マレーシアのラクサというように、各国で、その国の文化を象徴するような料理が必ずあります。日本で言えば、味噌汁のようなものです。

　またイギリスの紅茶「ティー」の起源のように、歴史上、植民地化していたインドから取り入れた産物を使用したケースなども多々みられます。

　「食」は旅をしなくても、その国を知ることができる。代表的なものだけでも、覚えておくと世界が広がります。

よく出題される問題

次の①〜⑥の料理はそれぞれ何というでしょう?

A. ①ペリメニ ②ムサカ ③ナシゴレン ④シュラスコ ⑤ガパオライス ⑥フィッシュ&チップス

必ず覚えたい世界料理 1

ペリメニ／ロシア

　小麦粉でつくった薄い生地で肉や野菜を包み茹でたロシアの郷土料理。ペリメニの名前の由来は、「耳パン」を意味するフィン・ウゴル語。国土が広いロシアでは多民族が共生して互いの食文化が影響し合っている。

必ず覚えたい世界料理 2

ムサカ／ギリシャ

　ラザニアのパスタの部分を、揚げたナスやマッシュポテトなどの野菜に変えて重ね焼きにした東地中海沿岸の伝統的な野菜料理。ムサカの語源はアラビア語で「冷やしたもの」を意味する「ムサッカア」。

必ず覚えたい世界料理 3

ナシゴレン／インドネシア

　インドネシアやマレーシアの焼き飯料理。ナシは「飯」、ゴレンは「揚げる」の意味。インドネシアの定番料理で、2011年にはCNN.comの「世界で最も美味しい50種類の食べ物」で1位に輝いた世界に誇る料理。

必ず覚えたい世界料理 4

シュラスコ／ブラジル

鉄串に牛肉や豚肉、鶏肉を刺し、岩塩をふって炭火でじっくり焼く、ブラジルをはじめとする南アメリカの肉料理。スペイン語圏では「アサード」と呼ばれアルゼンチン、ウルグアイなどでも食される。

必ず覚えたい世界料理 5

ガパオライス／タイ

タイの定番料理。ガパオとは、ハーブの名前。粗くみじん切りにした肉類などと、カミメボウキ（シソの一種）の葉を炒めた、バジル炒めご飯。ごはんと一緒に盛りつけ、目玉焼きを添えるのが一般的。

必ず覚えたい世界料理 6

フィッシュ&チップス／イギリス

タラなどの白身魚のフライに、フライドポテトを添えたイギリスの定番料理。1860年代以降に生まれ、バタード・フィッシュというバージョンもある。イギリスではファストフードとして人々に愛されている。

📖 スターゲイジー・パイ／イギリス

大型サーディンとは大型のイワシを卵やジャガイモとパイ生地に包んで焼いた料理。パイ生地からはイワシの頭が突き出している様が、

【第2章】料理・スポーツ

99

星空を見上げているように見えることから名付けられた。悪天候が続き魚が獲れない中、嵐で荒れる冬の海に一人で漁に出て魚を獲ったトム・バーコックの英雄的な行為をたたえ、12月23日に開催されるトム・バーコックス・イヴ祭で食べられている。

石焼ビビンパ／韓国

ピピダ「混ぜる」、パッ「ご飯」という意味で、本来は残りご飯にナムル、コチュジャン、ごま油などを入れて混ぜ、手軽に食べられる家庭料理。それをちょっと贅沢にしたのが石焼ビビンパ。ナムルや炒めた肉などをのせて彩りもきれいで栄養満点のどんぶり。

フォー／ベトナム

米粉と水で作る平たい米粉麺で、ベトナム料理の一つ。路上屋台からレストランまで、あらゆるところで食べることができるベトナムのソウルフード。魚醤油や香辛料などをお好みで使い自分の好きな味に変えながら食す。本場はベトナムの北部。比較的歴史が浅く、20世紀はじめに出現し、1975年のベトナム戦争終結を機に、亡命したベトナム人によって、多くの国々に広まった。

パエリア／スペイン

パエリアは、ジャバニカ米で知られるスペイン東部バレンシア地方発祥。ジャバニカ米と野菜、魚介類や肉などの食材と一緒にスープと米を炊き込むスペインを代表する料理。サフランという香辛料で味付けた米と魚介や鶏肉などを油で炒めてスープで炊く。本来「パエリア」は、バレンシア語でフライパンを意味する。パエリアを炊く人のことを女性なら「パエジェーラ」、男性なら「パエジェーロ」と呼ぶ。

📖 ガレット／フランス

　ガレットは、フランス北西部の郷土料理である料理・菓子の名称。「円く薄いもの」という意味を持つが、特にそば粉のガレットを指すことも多い。ブルターニュ風ガレットは、フランス北西部のブルターニュ地方発祥のそば粉で作られるガレットで、主に小麦粉で作られるクレープのもとになった料理。

📖 フェジョアーダ／ブラジル

　黒インゲン豆、ソーセージや豚肉、牛肉などを煮込んだ代表的なブラジル料理。国民食とも言われるこの料理は、豚肉を使うのが最もポピュラーだが、干し肉を加えたり牛肉を煮込んだりと、様々なバリエーションがある。それぞれの国で独自の発展をとげてきたため、国によって使われる食材は異なる。

📖 バーニャ・カウダ／イタリア

　バーニャ・カウダはイタリア北西部に位置するピエモンテ州を代表する冬の鍋料理。ピエモンテ語で「バーニャ」は「ソース」、「カウダ」は「熱い」を意味する。新鮮な野菜をスティック状にしたものを、ソースにディップして食べる料理。「フォイョ」という陶器の小鍋にディップソースを入れて、下から火で温めながら食べる。

📖 アクアパッツァ／イタリア

　アクアパッツァは、魚介類をトマトとオリーブオイルなどと一緒に煮込んだイタリア南部発祥の魚介スープ。アクアパッツァのアクアは「水」の意味で、パッツァは「奇妙な」「狂った」「飛び跳ねる」などを表す。熱した油に水を注ぐと、爆発的な沸騰が起きる。その勢いで魚

【第2章】料理・スポーツ

を料理する。

📖 小籠包／台湾

1871年に上海の菓子屋「古猗園」が売り出した饅頭を他店が真似をし始めたため、「他に真似のできない技術を」と駆使して開発した南翔小籠がヒット。現在も愛され続けている。小籠包は、中華料理の点心の一種。上海が起源だと言われている。

📖 タコス／メキシコ

トルティーヤと呼ばれるトウモロコシの粉を焼いた皮に具材をのせ、サルサソースをかけて包んで食べるメキシコを代表する料理。ピザなどと同様にアメリカでもポピュラーな料理のひとつとして定着している。タコとは「軽食」を意味し、タコス専門店をスペイン語でタケリアという。

📖 タジン鍋／モロッコ

タジンは、北アフリカ地域の鍋料理。本来は、料理の際に使用する陶製の土鍋のことを指した。とんがり帽子のような三角形の蓋が特徴の独特な鍋を使い、羊肉か鶏肉と、香辛料をかけた野菜を煮込んだものをいう。主にモロッコ・アルジェリア・チュニジアで食される。

📖 ラクサ／マレーシア

ラクサは、東南アジア独特の香辛料が効いた麺料理。シンガポールやマレーシアで食べられるスパイシーな麺料理。具はエビや貝、もやしや卵など様々。スープの風味や辛さの違いもいろいろあるが、共通しているのは、豚肉が一切使われていないこと。麺は太めの米麺で短めに切られており、レンゲですくって食べるのが主流。

📖 エマダツィ／ブータン

　ダツィ料理とは、ブータンで広く食べられているチーズ料理の総称。エマダツィやケワダツィなど、バリエーションに富んでいる。赤米と一緒に食べられることが多い。エマは「唐辛子」でダツィは「チーズ」。ブータンで唐辛子は野菜であり薬味ではない。国土の50%以上が高地地帯のため、普通の野菜は栽培しにくいため唐辛子を食べる。ブータンに唐辛子が伝来する前は山椒などを使っていた。

📖 パッタイ／タイ

　パッタイは、タイの屋台や地元の食堂で提供される、ライスヌードルを炒めた料理。1930年代に戦乱や洪水のためにコメ不足に陥ったタイでコメの消費量を抑えるため、コメを粒食するのではなく、より入手しやすいライスヌードルを食べることを奨励し、パッタイが普及した。終戦後の1945年11月7日、タイ政府は、パッタイをタイの新たな国民食であると宣言した。

> **傾向**

　旅番組で欠かせないのが、現地で舌鼓を打つ料理。だから、人気観光地で食べておきたい料理は、まず押さえたいです。ヨーロッパでいえばスペインの「パエリア」、フランスの「ガレット」、イタリアの「ピザ」、イギリスの「フィッシュアンドチップス」、そしてロシアの「ボルシチ」などヨーロッパの定番メニューについては、誕生秘話を含めたエピソードも知っておきたいところです。さらに旅行先として人気で、<u>テレビでもよく放送される東南アジアは、どこの国も重要です</u>。台湾の「小籠包」を始め、韓国の「石焼ビビンパ」など、その国を代表する料理は把握しておく必要があります。

　また世界的なソウルフードとなったインドの「カレー」のように奥深いものは、かなりマニアックな問題が予想されますので、スパイスを分析するなど深掘りすることが大切です。

＼水上ポイント／

人気観光地の料理は押さえておこう。
「食」は「文化」なので、その料理の誕生秘話は欠かせない。
特に東南アジアは、各国一品はチェックしよう。
世界的な料理は、とことん追求しよう！

CATEGORY

地域の特色が濃く表れる
郷土料理

郷土料理は、ネーミングの面白いものが出る

日本の郷土料理は、今風に言えば、ご当地グルメやソウルフード。伝統的な郷土料理と新しいグルメが混在しているところが、とてもユニークなのです。

そんな郷土料理で、よくクイズとして出題されるのがネーミングが面白いもの。例えば、栃木の「耳うどん」。これは、うどんが耳の形に似ているから「耳うどん」と名付けられました。この「耳うどん」は、よくクイズに出題されます。三択で「目うどん、耳うどん、鼻うどん、実際にあるのは?」といった調子です。

これと同じようにネーミングが面白く、よく出題されるのが「ひっつみ」という岩手の料理。「ひっつみ」は、摘み取るところから「ひっつみ」と名付けられました。なかなかのネーミングセンスですよね。

クイズ番組とはいえ、バラエティ番組。難しい話ばかりでは飽きられてしまうので "クスッ" と笑えるネタは逃がしません。そのあたりを意識して出題傾向を探ってみてください。

ちなみに、伝統的なそばであれば、「へぎそば」「わんこそば」「割子そば」が "三大よく出題されるそば" です。本物の "日本三大そば" は「長野県の戸隠そば、岩手県のわんこそば、島根県の出雲そば」。このあたりも、しっかり押さえてください。

【第2章】料理・スポーツ

105

よく出題される問題

次の①〜⑥の日本の郷土料理はそれぞれ何というでしょう?

A. ①ひもかわうどん ②がめ煮 ③わんこそば ④めはり寿司 ⑤へらへら団子 ⑥からし蓮根

必ず覚えたい郷土料理 1

ひもかわうどん／群馬県

　主に群馬県桐生市周辺で親しまれる郷土料理。「いもかわ」が「ひもかわ」へと訛って、現在の発音となった。ひもかわうどんの特徴は、通常のうどんと比べると、麺の横幅が広く、薄く平べったい形をしていること。

必ず覚えたい郷土料理 2

がめ煮／福岡県

　鶏肉と根菜を主に油炒めをしてから煮た、九州北部地方の郷土料理。福岡以外では筑前煮と言われる。名前の由来は、豊臣秀吉が朝鮮出兵時に、博多に寄りスッポン（博多弁で「がめ」）を野菜と煮たことから。

必ず覚えたい郷土料理 3

わんこそば／岩手県

　「わんこ」とは木地椀を意味する方言。由来は、盛岡藩主に平椀に盛って差し上げたところ、何度もお代わりをしたという花巻説と元総理の原敬が帰省した際「そばは椀こに限る」と言った盛岡説がある。

【第2章】料理・スポーツ

107

必ず覚えたい郷土料理 4

めはり寿司／和歌山県

和歌山県と三重県にまたがる吉野地方の郷土料理。高菜の浅漬けの葉でくるんだ女性の握りこぶし大の俵むすび。大きな口を開けて食べると目を見張ったようになることから、こう呼ばれるようになった。

必ず覚えたい郷土料理 5

へらへら団子／神奈川県

江戸時代から横須賀市に伝わる豊漁・無病息災を祈願した伝統料理。団子をちぎり、熱湯でゆでたものに餡をからめたあんころ餅。団子を押しつぶして平たくした形から、この名前になった。

必ず覚えたい郷土料理 6

からし蓮根／熊本県

熊本県の郷土料理。細川忠利公が病弱で食が進まないのを見かね、和尚が増血作用に効果がある蓮根を食べさせた。これが発祥と言われている。熊本県では、正月などに一般家庭で作られている。

📖 三平汁／北海道

北海道の郷土料理。昆布で出汁をとり鮭やニシンなどのアラに、塩を加え、大根、人参、ジャガイモなどと一緒に煮込んだもの。石狩鍋は味噌味だが、三平汁は塩味が基本。

📖 せんべい汁／青森県

せんべい汁専用に焼いた堅焼きせんべいを使用し、鶏や豚などの肉とごぼう、キノコと共に煮込んだ料理。基本的に醤油味だが、味噌や塩味もある。はじまりは、江戸時代後期の八戸藩と言われる。

📖 いも煮／山形県

里芋や白こんにゃく、長ネギ、牛肉の細切れなどを甘辛く煮込んだ山形県の家庭料理。今では毎年9月に「日本一の芋煮会フェスティバル」が行われ、自衛隊などの協力も得て、約20万人を集める。

📖 引き菜もち／福島県

豚のひき肉、大根、人参、ごぼうを出汁で煮込んだ福島県の郷土料理。昔から餅と大根を一緒に食べると胸焼けをしないといわれ、「胸焼け」＝「棟焼け」とかけ、防火のために食べていた。

📖 耳うどん／栃木県

鶏肉や人参、椎茸などの野菜の入っただし汁に、耳たぶの形に模したうどんを入れた栃木県佐野市の郷土料理。耳うどんを食べると悪口が聞こえないため、人間関係が円満にいくと言い伝えられている。

📖 深川めし／東京都

アサリ、ハマグリなどの貝と長ネギの入ったみそのだし汁をご飯にぶっかけた江戸時代の漁師飯。当時は、今では埋立地になっている江東区の深川浦で取れたアオヤギを使っていた。

📖 海軍カレー／神奈川県

海軍カレーは、明治初頭、イギリス海軍で食べられていたカレーを、日本海軍の食事に採用したことに始まる。曜日を忘れないために毎週金曜日にカレーが出されている。

📖 へぎそば／新潟県

新潟県魚沼地方発祥で、へぎ（片木）と呼ばれる器に載っていることから、へぎそばと言われる。特徴は、「フノリ」という海藻をつなぎに使っていること。

📖 戸隠そば／長野県

平安時代の山伏たちが携帯食として食していたと言われる長野県の郷土料理。島根県の出雲そばと岩手のわんこそばと並び、日本三代そばの一つと言われている。

📖 割子そば／島根県

割子という漆塗りの器が三段に重ねられていたことから、割子そばと言われる代表的な出雲そば。特徴は、見た目が他のそばに比べて黒っぽいという点。

📖 ほうとう／山梨県

根菜などとうどんより幅広いほうとう麺を白みそで煮込んだ山梨県の郷土料理。武田信玄が、自らの宝刀で食材を切ったことから、ほうとうと言われるようになったという。

治部煮／石川県

石川県金沢市の郷土料理。古くは加賀藩時代から野鳥と里芋や椎茸などの山菜を煮込んだ料理。名前の由来は、兵糧奉行の岡崎治部右衛門の名前から取られたとする説がある。

たこめし／三重県

漁業が盛んな三重県鳥羽市のタコを使った炊き込みご飯。たこめし自体は、瀬戸内海周辺の地域などでも多く食べられているが、中でも三重県の答志島のたこめしが有名。

にしんなす／京都府

江戸時代、海のない京都に北海道から塩漬けのニシンが運ばれ、家庭で食すようになった。今では普通にニシンとナスをだし醤油で軽く煮込んだ「おばんざい」として広まっている。

ばち汁／兵庫県

播州地方では、室町時代から、そうめんが作られ始めたと言われている。工程中に三味線を引くバチに似た部分が切り落とされ、それを使った郷土料理。バチの部分は、そうめんよりもコシが強く粘りがある。

親ガニの味噌汁／鳥取県

島根県ではズワイガニを「親がに」といい、お腹に抱えたソトコとウチコと一緒に味噌汁にぶち込む。その他の具材はほぼ入れず、カニと味噌の旨みを堪能する贅沢な郷土料理。

📖 いぎす豆腐／愛媛県

　瀬戸内海沿岸で7、8月に採れる、いぎす草と大豆粉を合わせた豆腐。汁物や煮付けなどのも使用できるが、冷奴感覚で食べる人も少なくない。お盆や法事などの田舎行事では定番料理。

📖 鶏めし／大分県

　鶏肉とゴボウと一緒に炊き込んだ鶏めしは、大分の吉野地方に伝わる伝統料理。江戸時代末期に猟師がキジや鳩を持って帰り、それをご飯と共に料理したことが始まりだと言われている。

📖 冷汁／宮崎県

　焼いた鯵や炒った麦味噌やゴマなどをすりこぎで崩し、冷たいだし汁と合わせた郷土料理。古くは鎌倉時代から食べられていたという。当時、僧侶が日本中で食べ、広めたようだが、原型を残しているのは宮崎の冷汁だと言われている。

傾向

覚える上で大事なことは、**系統を立てて覚えること**です。

例えば「わんこそばは、岩手県。それでは、割子そばはどこの料理でしょうか?」と問われる問題が結構あります。答えは、「島根県」です。その時一緒にへぎそばは新潟県、戸隠そばは長野県と、系統立てて覚えます。

ご当地ラーメンは、日本47都道府県どこにでもあるのですが、出やすいのは、やはり名前が面白いもの。最近は「富山ブラック」が、よく出題されています。

また、**面白い作り方やメディアで有名になったものも、よくクイズに出題されます**。例えば、NHK連続テレビ小説『あまちゃん』の影響で「まめぶ汁」が一躍有名になりました。このように突然、有名になると、途端にクイズになるというわけです。

日本の郷土料理は、いわば"ご当地グルメ"。
ネーミングの面白いものが、よく出題されるよ。
伝統的な郷土料理は、系統立てて覚えるのがコツ。
面白い作り方・メディアで取り上げられたものは要チェック。

【第2章】料理・スポーツ

CATEGORY

スポーツの王道
オリンピック・
サッカーワールドカップ

日本人のメダル＋話題のエピソード

　一年を通してスポーツのクイズで出題されやすいのが、オリンピックです。各種の世界選手権があった年には、その大会もよく出題されますが、オリンピックは、当年ではなくても出題されます。

　東京で二度目の大会があるので、日本人の歴史は押さえたい。1912年のストックホルム五輪が、日本人が初めて出たオリンピックです。またメダルの数とランキングも非常に重要になりますが、一番重要なのはそのオリンピックで活躍した選手です。モントリオールで出した、満点が、掲示機能が追い付かず1.00の表示しかされなかったナディア・コマネチ。小林孝至はソウルで獲った金メダルを公衆電話で一度紛失など面白エピソードは必ず覚えましょう。

　初めて聖火リレーが行われたのがベルリン五輪。初めて選手村ができたのがパリ五輪。初めてパラリンピックという言葉が使われたのは1964年の東京です。

　ワールドカップはサッカーが重要です。ドーハの悲劇、マイアミの奇跡、ジョホールバルの歓喜は必須です。誰がゴールを決めたかは比較的簡単ですが、誰がキーパーだったのかや、その時の対戦相手です。

114

よく出題される問題

QUESTION 1
初の近代五輪である1896年のアテネ五輪で、1位に渡されたメダルは何メダルだった?

QUESTION 2
「54年8ヶ月6日5時間32分20秒379」。これってなんの時間?

QUESTION 3
ソウル五輪で優勝したレスリングの小林孝至選手が、金メダルを置き忘れてしまった場所はどこ?

QUESTION 4
モントリオール五輪で史上初の10点満点を記録したナディア・コマネチ。この時電光掲示板に表示された点数は何点?

QUESTION 5
東京五輪で銅メダルを獲得するも、メキシコシティ五輪開催年の1968年に「三日とろろ美味しゅうございました」に始まる遺書を残して自殺したマラソン選手は誰?

QUESTION 6
オリンピックの「五輪」のマーク、中央の色は何色?

【第2章】料理・スポーツ

A. ①銀メダル　②世界一遅いマラソン記録　③上野駅構内の公衆電話　④1.00
⑤円谷幸吉　⑥黒

📖 1896年　アテネ オリンピック

初の近代五輪開催。 財政事情により、1位に渡されるメダルは銀メダルだった。2位が銅メダルで3位は賞状のみだった。 男子のみが参加。

📖 1912年　ストックホル ムオリンピック

日本が初参加したオリンピック。団長は講道館柔道の創始者、嘉納治五郎、陸上競技で三島弥彦と金栗四三の2人が出場。 金栗四三は途中倒れ、気が付いた時にはすでに大会が終わっていた。しかしこれが棄権になっておらず、1967年、ストックホルムオリンピック55周年記念式典に呼ばれた金栗はここでゴール。54年8ヶ月6日5時間32分20秒という世界一遅いマラソン記録を残すことになった。

📖 1964年　東京オリンピック

アジアで初めて、また有色人種国家で初のオリンピックだった。さらには史上初、衛星放送を使用したなど、初めてづくめの大会だった。バレーボールでは、「東洋の魔女」と呼ばれた日本女子バレーボールが金メダルを獲得。そのほかにもレスリング、柔道、体操などで金メダルを獲得した。円谷幸吉はマラソンで銅メダルを獲得したが、メキシコオリンピックの年に自殺をした。この大会、金メダル16個を含む29個のメダルを勝ち取り、金メダルの数は、アメリカ、ソ連に続いて3位だった。

📖 1968年 メキシコ オリンピック

空気の薄い高地で行われたこの大会では、陸上競技で世界記録が相次いだ。中でも男子100mでは、ジム・ハインズが人類史上初の

9秒台を記録した。日本男子サッカーは、開催国のメキシコを下し、史上初のメダルを獲得した。

1972年 ミュンヘン オリンピック

体操の塚原光男が月面宙返りを決め、金メダルを獲得。オリンピック期間中に史上最悪のテロ事件が発生した。この事件で17人が犠牲になった悲しい大会でもある。

1976年 モントリオール オリンピック

ルーマニアの体操選手で、「白い妖精」ことナディア・コマネチが10点満点を記録し、史上最年少の金メダリストとなったことが大きな話題になった。掲示板には、9.99までしか表示できなかったため、「1.00点」と表示された。

1984年 ロサンゼルス オリンピック

1932年以来、2度目となるロサンゼルスでの開催。男子体操で具志堅幸司と森末慎二が金メダルを獲得。柔道の山下泰裕の活躍のほか、カール・ルイスの4種目金メダル獲得が話題を集めた。

1988年 ソウル オリンピック

東京に続き、アジアで2番目の描きオリンピックが行われたが、北朝鮮は参加しなかった。大会後、レスリングフリースタイルで優勝した小林孝至選手が、金メダルを公衆電話に置き忘れてしまったことが大きな話題となった。

男子100mで世界記録を出したベン・ジョンソンは、ドーピング違反で、金メダルと世界記録を剥奪され流という失態をした。

📖 1992年 バルセロナ オリンピック

マジック・ジョンソンやマイケル・ジョーダンら、NBAのプロ選手出場の解禁で注目を集めた大会。お家芸の柔道では、けがを乗り越えて金メダルを獲得した古賀稔彦が一躍人気。

岩崎恭子は、14歳で女子200m平泳ぎの金メダルを獲得した。その時のインタビューで「今まで生きてきた中で一番幸せです」と語り、話題を呼んだ。

📖 1996年　アトランタ オリンピック

近代オリンピック開催100周年記念となったアトランタ五輪では、のちにオリンピック三連覇を果たす野村忠宏選手が初出場で金メダルを獲得。男子サッカーに関しては、日本が強豪ブラジルを初めて破り、「マイアミの奇跡」と呼ばれた。女子マラソンの有森裕子がレース後に話した「自分で自分をほめたい」は流行語大賞に選ばれた。

📖 2000年 シドニー オリンピック

44年ぶりとなる南半球でのオリンピック。マラソンでは「Qちゃん」という愛称で親しまれた高橋尚子が日本の女子陸上競技としては初の金メダルを獲得した。このQちゃん旋風で、その後国民栄誉賞を受賞する。柔道では田村亮子が悲願の金メダルを獲得、野村忠宏は二連覇を達成した。結果は金メダル5個を含む全18個のメダルを獲得した。

📖 2004年 アテネ オリンピック

初のオリンピックが開催されたアテネで108年ぶりとなる大会が行わ

れた。柔道では野村忠宏が史上初の3連覇を達成したほか、男女あわせて8階級で金メダルを獲得するなど活躍が目立った。女子マラソンでは前回の高橋尚子に続き野口みずきが金メダルを獲得。ハンマー投げでは、優勝したハンガリーの選手にドーピング違反が発覚し、2位だった室伏広治が金メダルとなった。メダルの数は、史上最多となる37個を獲得した。

📖 2008年 北京 オリンピック

中国で初だが、アジアでは、ソウルオリンピック以来20年ぶりに開催された大会。陸上男子400mリレーは、戦後初のメダルを獲得した。またソフトボール女子では、王者アメリカを破って金メダルを手にした。

競泳では、北島康介が2大会連続で2種目を制覇するなど、金メダル13個を含む25個のメダルを獲得した。

📖 2012年 ロンドン オリンピック

ロンドンでの開催は、この年で3度目。オリンピックの開催地として最多。またすべての国・地域から女性選手が参加した史上初のオリンピックだった。

卓球やバドミントン、サッカー女子などで初のメダルを獲得したほか、バレーボール女子やボクシングでもメダルを獲得し、金メダル7個を含む史上最多の38個のメダルを獲得した。

📖 2016年 リオデジャネイロ オリンピック

南米大陸で初めて開催されるオリンピックとして注目を集めたが、国ぐるみのドーピング疑惑が生まれロシアで100人以上の選手が出場禁止となった。また内戦などの政治的理由で母国から出場できな

い選手10人を集め、難民選手団が結成された。日本は金メダル12個を含む41個のメダルを獲得。過去最高を記録した。

【サッカーワールドカップ】

📖 1993年　アメリカW杯アジア地区最終予選敗退

　1993年10月28日、日本チームが史上初のワールドカップ出場をかけて、イラク代表との一戦に臨んだ。場所はドーハのアルアリスタジアム。この試合、勝てば日本史上初のワールドカップ出場が決まる。三浦知良の得点で日本が先制。後半追いつかれるが、中山雅史で差をつけた。アディショナルタイムのみ。出場権を掴みかけたその瞬間、同点ゴールを決められ出場権を逃した。その瞬間、キャプテンの柱谷哲二は両手で顔を覆って号泣したシーンが印象的。「ドーハの悲劇」と呼ばれている。日本では深夜時間にも関わらず、視聴率は48.1パーセント。試合は2-2のドロー。監督はハンス・オフト。最優秀選手は中山雅史。

📖 1998年　フランスW杯　初出場

　フランスで行われたこの大会に、日本は、悲願の初出場を果たした。予選グループでは、3連敗で最下位。得点はジャマイカ戦で中山雅史が決めた1点のみだった。

　決勝は、地元フランスと前大会で優勝したブラジル。エースのジダンが2得点し3-0でフランスがワールドカップ初優勝を果たした。サッカー強豪国フランスは、4年前のアメリカ大会ヨーロッパ予選でまさかの敗退。「パリの悲劇」と呼ばれていたが、それを乗り越えての優

勝にフランス国民は湧いた。

この大会では、アジア予選やこれまでの国際大会でエースとして活躍していた三浦知良が代表を外れたことが大きな話題となった。当時は岡田武史監督。

📖 2002年　日韓W杯　初ベスト16

この大会は日本と韓国がアジアで初の開催国となった。さらに2か国共同開催というのもW杯史上初だった。

トヨタカップなどの国際大会開催の実績を持って、FIFAにワールドカップ開催国立候補を表明。すると韓国も負けじとアジア初のワールドカップ開催に手を挙げた。最終的には共同開催という場所に落ち着いた。日本の会場は、「札幌ドーム」「宮城スタジアム」「カシマサッカースタジアム」「埼玉スタジアム2002」「横浜国際総合競技場」「静岡スタジアム　エコパ」「新潟スタジアム」「長居スタジアム」「神戸ウィングスタジアム」「大分スタジアム」の10か所。日本は、2勝1分けで予選グループ1位通過。ベスト16という快挙を成し遂げた。ちなみに韓国はベスト4。

📖 2006年　ドイツW杯

アジア予選では圧倒的な強さで勝ち上がったが、本大会では2敗1分けで予選グループ最下位。この大会を最後に日本のサッカーを牽引してきた中田英寿が引退。決勝戦は、イタリア対フランス。PKでイタリアが4度目の優勝を果たした。

📖 2010年　南アフリカW杯　ベスト16

アジア予選でオシム監督が病気に倒れ、岡田武史が監督に就任。

W杯予選グループを2勝1敗で2位通過。決勝トーナメント1回戦でパラグアイと戦い、PKで敗れる。この時シュートを外したのが駒野友一。2002年に次いでのベスト16だった。

📖 2014年　ブラジルW杯

ザッケローニ監督の下、本田圭佑、香川真司など海外で活躍する選手が躍動した。アジア予選の活躍で人気は沸騰したが、ふたを開けると予選グループ0勝2敗1分で最下位。優勝はドイツ。

📖 2018年　ロシアW杯　ベスト16

6年連続でW杯出場を決めたが、大会直前にハリルホジッチ監督が解任。西野朗が監督に就任した。予選グループは1勝1分け1敗でセネガルと同じ成績。しかし反則ポイントで日本が2ポイント優勢、辛くも予選突破した。この大会で、大迫勇也がブレイクすると、高校サッカー時代、大迫勇也と対戦した相手チームの選手が言った「大迫半端ないって」という言葉が大流行。流行語大賞のトップ10に入った。

> **傾向**

　絶対に覚えるべきは、各大会のハイライトです。 映像でハイライト集のようなものを見るのが一番良いでしょう。

　一番最初に日本がオリンピックメダルを取ったのは三段跳びです。また、日本が戦後唯一行っていないモスクワオリンピックもクイズによく出ます。閉会式でマスコットのミーシャが涙を流したというエピソードも要チェックです。でも、基本的には、日本選手の成績やエピソードを覚えましょう。バルセロナ＝岩崎恭子、アトランタ＝有森裕子など、**印象的な言葉と顔はぜひ覚えてください。**

　メジャーではない、あるいはなかった競技は試合の形式、見所となるルールも重要です。空手は組手と型。クライミングはスピード、ボルダリング、リードの複合競技であるとかです。昨年、ラグビーワールドカップで盛り上がりましたが、やはり、一番よく出るのはサッカーです。特にドーハの悲劇、各大会で話題になったエピソードは覚えましょう。

日本のお家芸、選手の活躍はもちろん、大会ハイライトを掘り下げよう。
サッカーはワールドカップを中心に覚えよう。
マイナースポーツはルールを含めて競技の見所を。

MIZUKAMI NOTE

第3章
政治・科学者

PRIME MINISTER,
SCIENTIST

【 CATEGORY 】

総理大臣
アメリカ大統領
幕府将軍
科学者

時代を作ってきた人たちの面白エピソードを探してみよう!

【第3章】政治・科学者

CATEGORY

戦前戦後の激動時代を築き上げた
総理大臣

あらゆる角度から出題される、クイズの宝庫がここ

　日本人としては、常識として知っておくべきジャンルです。だからクイズでも様々な角度から出題されます。重要なのは、やはりインパクトの強い人物です。暗殺された原敬や初代総理大臣の伊藤博文など、インパクトのあるエピソードがなければ、戦前の総理大臣は、ほぼ出題されないでしょう。小泉純一郎以前、佐藤栄作、田中角栄、吉田茂あたりがよく出ます。

　佐藤栄作は唯一ノーベル賞を取った総理としてクイズの常連です。また田中角栄は、「今太閤」「コンピュータ付きブルドーザー」という異名を持ち、吉田茂は、葉巻をくわえた写真がよく出されます。面白いところでは、戦前に林銑十郎という総理がいたのですが、在任期間も短かったし、何もできなかったので、「何もせんじゅうろう」という異名があったというエピソードは、難易度の高いクイズには出ることがあります。

　名言も重要です。「人命は地球よりも重い」という福田赳夫や、「自民党をぶっ潰します」と言った小泉純一郎なども覚えておきましょう。

　名言やエピソードから総理大臣を覚えてもいいかもしれません。まずは97代（2020.02 現在）すべての総理大臣を覚えることを目指してください。

よく出題される問題

QUESTION 1
明治21年、下関にて当時ご禁制だったフグを解禁させた長州出身の総理大臣は誰?

QUESTION 2
犬養毅が暗殺された五・一五事件。この時、すんでのところで死を免れた有名人は誰?

QUESTION 3
老いても矍鑠としていた吉田茂。健康の秘訣を問われて「○○を食っている」と返したものは何?

QUESTION 4
ノーベル賞受賞者を記念するガンビアの切手で。佐藤栄作首相の顔の横に書かれた名前は何?

QUESTION 5
「コンピュータ付きブルドーザー」「目白の闇将軍」「今太閤」などの異名を取った総理大臣は誰?

QUESTION 6
映画『大怪獣バトル ウルトラ銀河伝説 THE MOVIE』にウルトラキングの声優として出演していた総理大臣は誰?

【第3章】政治・科学者

A. ①伊藤博文 ②チャップリン ③人 ④Bisaku Sato（佐藤B作）
⑤田中角栄 ⑥小泉純一郎

必ず覚えたい総理大臣 1

伊藤博文

(いとう ひろぶみ　1841年－1909年) 初代・第5代・第7代・第10代総理大臣。長州藩士。吉田松陰の松下村塾で学んだ。大日本帝国憲法(明治憲法)の起草の中心となる。1909年、中国のハルビン駅で朝鮮人の安重根に暗殺された。日本銀行券の千円札(1963年11月1日－1984年11月1日発行)の肖像として採用された。「英雄色を好む」というように、博文も女性を好み、女性は掃いて捨てるほどいるというところから、「箒」と呼ばれたという。

必ず覚えたい総理大臣 2

犬養毅

(いぬかい つよし　1855年－1932年) 第29代内閣総理大臣。中国進歩党代表者(岡山出身の犬養が作った中国地方の党)、1932年5月15日、海軍の青年将校と陸軍の士官候補生が首相官邸に襲撃。その時に「話せばわかる」と言ったが、暗殺された(5・15事件)。喜劇王チャーリー・チャップリンから「憂国の大宰相・犬養毅閣下の永眠を謹んで哀悼す」と弔電が届いた。

必ず覚えたい総理大臣 3

吉田茂

（よしだ しげる　1878年－1967年）第45・48・49・50・51代内閣総理大臣。サンフランシスコ平和条約を締結させた総理大臣。1953年の国会で、質問者に「ばかやろー」と言い、これが原因で衆議院を解散させた。これを俗に「バカヤロー解散」という。葉巻をくわえた吉田の写真やマッカーサーとの写真は、よく出題される。1965年、1966年、1967年のノーベル平和賞の候補に3回推薦されたが実現されなかった。

必ず覚えたい総理大臣 4

佐藤栄作

（さとう えいさく　1901年－1975年）第61・62・63代内閣総理大臣。鉄道省に入省。その後、議員でもないが内閣官房長官として入閣。非核三原則提唱、沖縄返還などを実現した。1967年の衆議院予算委員会で、名言「核兵器を持たず、作らず、持ち込ませず」が生まれる。これを非核三原則という。この政策で1974年にノーベル平和賞を受賞。彫りが深く、大きな目が歌舞伎役者の「市川團十郎」に似ていると「政界の團十郎」というあだ名がついた。兄は、内閣総理大臣の岸信介。

> 必ず覚えたい総理大臣 5

田中角栄

（たなか かくえい　1918年－1993年）第64・65代内閣総理大臣。大胆かつ繊細で緻密で実行力のある田中は、「コンピュータ付きブルドーザー」と呼ばれていた。実績としては、日中国交正常化や日中記者交換協定、第一次オイルショックの対応など。政権争奪時に掲げた日本列島改造論。ロッキード事件で逮捕収監され、自民党を離党。また中卒から首相にまで上り詰めた経歴から「今太閤」とも呼ばれた。

> 必ず覚えたい総理大臣 6

小泉純一郎

（こいずみ じゅんいちろう　1942年－）第87・88・89代内閣総理大臣。若い時、福田赳夫元総理大臣の秘書を務めた。派手なパフォーマンスで郵政民営化を主張し、旋風を巻き起こした。それが「小泉劇場」。選挙では、新人議員を多く当選させ、マスコミは彼らのことを「小泉チルドレン」と呼んだ。「自民党をぶっ潰します」「小泉は駄目だ、というのは構わない。でも日本は駄目だ、というのは許さない」などの名言は多い。永田町では「変人」と評されることもあった。

歴代総理大臣

1　（第1次）伊藤博文
2　黒田清隆
　　（兼任）三條實美
3　（第1次）山縣有朋
4　（第1次）松方正義
5　（第2次）伊藤博文
6　（第2次）松方正義
7　（第3次）伊藤博文
8　（第1次）大隈重信
9　（第2次）山縣有朋
10　（第4次）伊藤博文
　　（枢密院議長　西園寺公望
　　が内閣総理大臣臨時兼任）
11　（第1次）桂太郎
12　（第1次）西園寺公望
13　（第2次）桂太郎
14　（第2次）西園寺公望
15　（第3次）桂 太郎
16　（第1次）山本權兵衛
17　（第2次）大隈重信
18　寺内正毅
19　原敬
20　高橋是清
21　加藤友三郎
　　（外務大臣　内田康哉が
　　内閣総理大臣臨時兼任）
22　（第2次）山本權兵衛
23　清浦奎吾
24　加藤高明
　　（内務大臣　若槻禮次郎が
　　内閣総理大臣臨時兼任）
25　（第1次）若槻禮次郎
26　田中義一
27　濱口雄幸
28　（第2次）若槻禮次郎
29　犬養毅

　　（大蔵大臣　高橋是清が
　　内閣総理大臣臨時兼任）
30　齋藤實
31　岡田啓介
32　廣田弘毅
33　林銑十郎
34　（第1次）近衞文麿
35　平沼騏一郎
36　阿部信行
37　米内光政
38　（第2次）近衞文麿
39　（第3次）近衞文麿
40　東條英機
41　小磯國昭
42　鈴木貫太郎
43　東久邇宮稔彦王
44　幣原喜重郎
45　（第1次）吉田茂
46　片山哲
47　芦田均
48　（第2次）吉田茂
49　（第3次）吉田茂
50　（第4次）吉田茂
51　（第5次）吉田茂
52　（第1次）鳩山一郎
53　（第2次）鳩山一郎
54　（第3次）鳩山一郎
55　石橋湛山
56　（第1次）岸信介
57　（第2次）岸信介
58　（第1次）池田勇人
59　（第2次）池田勇人
60　（第3次）池田勇人
61　（第1次）佐藤榮作
62　（第2次）佐藤榮作
63　（第3次）佐藤榮作

64　（第1次）田中角榮
65　（第2次）田中角榮
66　三木武夫
67　福田赳夫
68　（第1次）大平正芳
69　（第2次）大平正芳
70　鈴木善幸
71　（第1次）中曽根康弘
72　（第2次）中曽根康弘
73　（第3次）中曽根康弘
74　竹下登
75　宇野宗佑
76　（第1次）海部俊樹
77　（第2次）海部俊樹
78　宮澤喜一
79　細川護熙
80　羽田孜
81　村山富市
82　（第1次）橋本龍太郎
83　（第2次）橋本龍太郎
84　小渕恵三
85　（第1次）森喜朗
86　（第2次）森喜朗
87　（第1次）小泉純一郎
88　（第2次）小泉純一郎
89　（第3次）小泉純一郎
90　（第1次）安倍晋三
91　福田康夫
92　麻生太郎
93　鳩山由紀夫
94　菅直人
95　野田佳彦
96　（第2次）安倍晋三
97　（第3次）安倍晋三

> 傾向

　歴代総理大臣は、全部順番に言えたほうがいいですね。重要なのは全員覚えていることです。「いくやまいまいおせい」という覚え方があるので、頭文字をとってリズムで覚えるのがラクかもしれません。**最低でも、戦後の人は全部覚えておくといいでしょう。**
　いろいろなエピソードや写真などから出題されます。まずは当時のニュース映像を眺めることからはじめるのはいかがでしょうか。
　「歴代の内閣総理大臣で、タロウという名前の人は二人います。誰と誰でしょう」といった切り口のクイズも出ます。これは順番に総理大臣を覚えておけば、答えは簡単で、桂太郎と麻生太郎です。
　どんな角度からもクイズになるので、歴史上、重要な総理大臣をエピソードとともに覚えて、順番にすべての人を知っておくのがおすすめです。

水上ポイント

ゴロ合わせやリズムなどで、最終的にすべての総理大臣を覚えよう。ニュース映像などを見れば、資料は豊富！
特に、平成の総理大臣のことは何を聞かれても、答えられるようにしておくといいよ。

CATEGORY

世界の大国へ駆け上った
アメリカ大統領

丸暗記よりも、日頃からニュースをチェックしよう

アメリカの大統領は、馴染みが薄くよくわからないという人も多いでしょう。まず、**重要人物だけを覚えることです。**

同じ時代に就任したアメリカの大統領と日本の総理大臣は、ツーショット写真が出題されることも多く、セットで覚えるのが得策です。

戦後で言えば、吉田茂&トルーマン、岸信介&アイゼンハワー、佐藤栄作&ニクソン、"ロンヤス"関係を築いた中曽根康弘&レーガン、小泉純一郎&ブッシュといった具合です。

純粋に世界史と日本史を、いかにわかりやすく理解するかがポイントです。

アメリカ以外の大統領は、新しく就任した人は必ず覚えるべきです。最近だとウクライナのゼレンスキー氏が大統領に就任していますが、彼は元々コメディアン・俳優。「国民のしもべ」というテレビドラマで大統領役を演じたことがきっかけで、大統領にまで上り詰めました。あと、すでに引退されましたがウルグアイの元大統領ホセ・ムヒカは「世界で一番貧しい大統領」と呼ばれていました。こうしたキャッチフレーズやエピソードと共に覚えるのも、覚え方のコツの一つです。

【第3章】政治・科学者

よく出題される問題

QUESTION 1
初代大統領ジョージ・ワシントンの妻であり、最初のファーストレディーとされる女性の名前は何?

QUESTION 2
大統領の就任演説で風邪をこじらせ、肺炎により在任期間1か月ほどで亡くなった大統領は誰?

QUESTION 3
11歳のグレース・ベデルという少女に「あごひげを生やしたほうがいい」という手紙を貰ったことをきっかけにひげを生やすようになった大統領は誰?

QUESTION 4
ジョン・F・ケネディの暗殺犯はリー・ハーヴェイ・オズワルド。ではそのオズワルドを殺害した人物は誰?

QUESTION 5
政権内部の重要人物ディープ・スロートの情報が鍵を握っていた、ニクソン大統領辞任のきっかけとなった盗聴スキャンダルを何という?

QUESTION 6
冷戦下にロナルド・レーガンが打ち出した「戦略防衛構想」のことを、宇宙空間まで防衛網を広げるという壮大さから別名「何計画」という?

A. ①マーサ・ワシントン ②ウィリアム・ハリソン ③エイブラハム・リンカーン
④ジャック・ルビー ⑤ウォーターゲート事件 ⑥スター・ウォーズ計画

> 必ず覚えたい大統領 1

ワシントン

(ジョージ・ワシントン　1732年-1799年) アメリカ合衆国初代大統領。アメリカ独立戦争の指導者として勝利を導き、軍人、政治家、黒人奴隷農場主。アメリカ合衆国独立に大きく寄与したとして「アメリカ合衆国建国の父」とも呼ばれる。大統領退任 (65歳) 後は農園に戻り、67歳で死去。

> 必ず覚えたい大統領 2

ハリソン

(ウィリアム・ヘンリー・ハリソン　1773年-1841年) 第9代アメリカ合衆国大統領。1811年のティピカヌーの戦いの勝利で名声を獲得したため、「ティピカヌー」「オールド・ティピカヌー」と呼ばれた。当時としては高齢の68歳で大統領に就任。風邪をこじらせ肺炎により在任期間わずか1か月で死去。大統領が在職中に死亡した初めての事例。

> 必ず覚えたい大統領 3

リンカーン

(エイブラハム・リンカーン　1809年-1865年) 第16代アメリカ合衆国大統領。愛称は、「エイブ」「オネスト・エイブ」「レール・スプリッター」「偉大な解放者 (the Great

【第3章】政治・科学者

Emancipator)」「奴隷解放の父」など。1861年からの南北戦争で北部を指導、63年に奴隷解放宣言を出した。リンカーン大統領暗殺事件は、南北戦争終結したわずか5日後、1865年4月14日にワシントンD.C.で起きた。初のアメリカ大統領暗殺事件。

> 必ず覚えたい大統領 4

ケネディ

(ジョン・フィッツジェラルド・"ジャック"・ケネディ　1917年－1963年)　第35代アメリカ合衆国大統領。愛称はイニシャルをとってJFK。ケネディの大統領在任中、キューバ危機、ベルリンの壁の建設、米ソの宇宙開発競争、ベトナム情勢の悪化など幾多の歴史的事件があった。選挙で選ばれた大統領としては最も若い大統領だった。20世紀生まれ初の大統領で、ピューリツァー賞を受賞した唯一の大統領。テキサス州ダラスの遊説のため市内をパレードしている最中に暗殺された。

> 必ず覚えたい大統領 5

ニクソン

(リチャード・ミルハウス・ニクソン　1913年－1994年)　第37代アメリカ合衆国大統領。1960年大統領選出馬するがケネディに敗れ政界を一時引退し弁護士業に戻る。1968年大統領選に出馬し第37代大統領に就任。1974年ウォーターゲート事件で自ら辞任、任期中に辞職した唯一の大統領。76年弁護士資格を剥奪される。

必ず覚えたい大統領 6

レーガン

(ロナルド・ウィルソン・レーガン　1911年－2004年) 第40代大統領。元俳優、カリフォルニア州知事、愛称は「ロン」で、中曽根康弘とともに「ロンヤス」と言われた。ラジオ局のスポーツ・キャスターからハリウッド映画俳優に転向。「強くて豊かなアメリカ」をスローガンに対ソ連強硬路線を唱え軍備を拡大。一方大幅な減税を行い「レーガン革命」を達成するが「レーガノミクス」により国家財政が大赤字となり、1985年債務国に転落。89年任期満了により退任。

アメリカ大統領

1	ジョージ・ワシントン	16	エイブラハム・リンカーン	30	カルビン・クーリッジ
2	ジョン・アダムス	17	アンドリュー・ジョンソン	31	ハーバート・フーバー
3	トマス・ジェファソン	18	ユリシーズ・グラント	32	フランクリン・ルーズベルト
4	ジェームズ・マディソン	19	ラザフォード・ヘーズ	33	ハリー・トルーマン
5	ジェームズ・モンロー	20	ジェームズ・ガーフィールド	34	ドワイト・アイゼンハワー
6	ジョン・クィンシー・アダムズ	21	チェスター・アーサー	35	ジョン・ケネディ
		22	スティーブン・グローバー・クリーブランド	36	リンドン・ジョンソン
7	アンドリュー・ジャクソン			37	リチャード・ニクソン
8	マーティン・バン・ビューレン	23	ベンジャミン・ハリソン	38	ジェラルド・フォード
9	ウィリアム・ハリソン	24	スティーブン・グローバー・クリーブランド	39	ジミー・カーター
10	ジョン・タイラー			40	ロナルド・レーガン
11	ジェームズ・ポーク	25	ウィリアム・マッキンリー	41	ジョージ・ブッシュ
12	ザカリー・テーラー	26	セオドア・ルーズベルト	42	ビル・クリントン
13	ミラード・フィルモア	27	ウィリアム・タフト	43	ジョージ・W・ブッシュ
14	フランクリン・ピアス	28	トマス・ウッドロー・ウィルソン	44	バラク・オバマ
15	ジェームズ・ブキャナン	29	ウォーレン・ハーディング	45	ドナルド・トランプ

【第3章】政治・科学者

> 傾向

近頃しばしば出題されているのが、独裁政権を敷く大統領の呼び名です。

アメリカのトランプ大統領にかけて「フィリピンのトランプ」と呼ばれているのが、ロドリゴ・ドゥテルテ大統領。他にも「メキシコのトランプ」と呼ばれているのが、アンドレス・マヌエル・ロペス・オブラドール大統領。麻薬カルテルと対決してその名を馳せました。「○○○のトランプ」というのも要チェックです。

また、戦争問題、世界平和や環境問題などに取り組み話題になった、歴史にその名を刻む会談も押さえておく必要があります。

そのためにも、ニュースや『ニューズウィーク』といった雑誌にも日頃から目を通しておくと、世界で今何が注目されているかよくわかるはずです。単なる大統領の名前の丸暗記では、すぐ忘れてしまうでしょう。楽しみながら覚えるためにも、こうした工夫が必要です。

水上ポイント

アメリカの大統領と日本の首相は、セットで覚えるといいよ。
新しく就任した大統領は、エピソードもいっしょに頭に入れる。
歴史的な会談も、必ずチェック！
日頃から、ニュースに目を通しておくことがポイントだよ。

CATEGORY

江戸・鎌倉・室町時代の
幕府将軍

将軍だけでなく、幕閣・政変・戦にも注目!!

　鎌倉幕府は、源頼朝、頼家、実朝までが非常に重要。4代目以降は源家が政治を行っていないので、覚えていたらすごいというレベルです。室町幕府は、南北朝時代を経て天下を取った初代・足利尊氏、日明貿易で巨万の富を得て黄金期を築き、金閣寺を建てたことでも知られる3代将軍義満。"くじ引き"で将軍になり、最終的には暗殺されてしまう6代将軍義教。そして応仁・文明の乱が起きるも数奇の道を極め、銀閣寺を建てた8代将軍義政。そして織田信長によって滅ぼされた15代将軍義昭の5人を押さえておけば大丈夫でしょう。

　徳川幕府の将軍は、名前を全員言えることが大切です。重要なのはまず、幕府を開いた家康。中でも天下取りの過程で、武田信玄に敗れた「三方ヶ原の戦い」は要チェックです。敗走する時、馬上で脱糞するエピソードは有名でよくクイズにも出題されています。参勤交代を始め、武道を奨励した3代将軍家光、「生類憐れみの令」を出し、犬公方と呼ばれた5代将軍綱吉。そして米公方と呼ばれ動物園をつくるきっかけをつくった8代将軍吉宗。最後の将軍慶喜は、長生きして多くの写真を撮っていました。この5人は実績を含め、しっかり頭に入れておいてほしいですね。

【第3章】 政治・科学者

よく出題される問題

QUESTION 1 一説によると、徳川家康が亡くなった原因となったのは「どんな食べもの」の食べ過ぎ？

QUESTION 2 東京の地名「高田馬場」の由来となった馬場を作らせた将軍は誰？

QUESTION 3 徳川綱吉の時代に中野に作られた犬小屋。東京ドーム何個分の広さがあった？

QUESTION 4 動物好きであり、海外からゾウを輸入させた将軍は誰？

QUESTION 5 この写真を撮影した将軍は誰？

A. ①てんぷら ②徳川家光 ③20個分 ④徳川吉宗 ⑤徳川慶喜

【江戸幕府】

> 必ず覚えたい幕府将軍 1

徳川家康

(とくがわ いえやす　1543年−1616年) 徳川家の始祖。江戸幕府を開府し征夷大将軍になる。幼名は竹千代。秀吉の死後、関ヶ原の戦いで石田三成を破り対抗勢力の一掃に成功、征夷大将軍となる。大坂冬・夏の陣で豊臣氏を滅ぼし、名実共に天下を統一して幕府の基礎を固めた。75歳で逝去。死因は好物だった鯛のてんぷらの食べすぎとも言われる。

> 必ず覚えたい幕府将軍 2

徳川家光

(とくがわ いえみつ　1604年−1651年) 江戸幕府の第3代将軍。2代将軍秀忠の次男。母は浅井長政の娘で織田信長の姪にあたる江。乳母は春日局。15人の徳川将軍のうち、正室の子は、家康・家光・慶喜の3人のみ。武家諸法度を改訂。諸大名に参勤交代を義務づけた。長崎出島にオランダ商館を移して鎖国体制を完成させた。

必ず覚えたい幕府将軍 3

徳川綱吉

（とくがわつなよし　1646年-1709年）江戸幕府第5代将軍。3代将軍・徳川家光の四男。生類憐みの令を発して犬公方とよばれた。生類憐みの令は、保護する対象は犬だけではなく、捨て子や病人、猫、鳥、魚類、貝類、昆虫類などまで幅広かった。

必ず覚えたい幕府将軍 4

徳川吉宗

（とくがわよしむね　1684年-1751年）江戸幕府第8代将軍。初代将軍・徳川家康の曾孫。多くの農民や商人などの意見を取り入れるため目安箱を設置した。米相場を操っていたので米将軍と呼ばれた。しかし、それが仇となり、百姓一揆が頻発した。

必ず覚えたい幕府将軍 5

徳川慶喜

（とくがわよしのぶ　1837年-1913年）江戸幕府第15代将軍。江戸幕府最後の将軍、また日本史上最後の征夷大将軍となった。在任中に江戸入城しなかった唯一の将軍で、最も長生きした将軍でもあった。明治維新後は、貴族院議員として過ごし、弓道、カメラ、自転車、油絵、釣りなど多くの趣味を持った。特に手裏剣は日本でもトップレベルだったと言われている。

【鎌倉・室町幕府】

必ず覚えたい幕府将軍 1

源頼朝

（みなもとのよりとも　1147年–1199）鎌倉幕府の初代征夷大将軍。
父の義朝が平治の乱で敗れた後、伊豆国へ流された。北条時政、
北条義時などと平家打倒を掲げ、鎌倉を本拠として関東を制圧。
1192年に征夷大将軍に任じられた。守護・地頭設置の勅許を得て
武家政治の基礎を固めた。落馬が原因で死去。

必ず覚えたい幕府将軍 2

源頼家

（みなもとのよりいえ　1182年–1204年）鎌倉幕府第2代将軍。初
代征夷大将軍の源頼朝の嫡男。母親は北条政子。頼朝の急死で
18歳という若さで家督を相続した。後年、将軍職を剥奪されて、伊
豆国修禅寺に幽閉された。これにより北条氏が鎌倉幕府の実権を握
ることになった。

必ず覚えたい幕府将軍 3

源実朝

（みなもとのさねとも　1192年–1219年）鎌倉幕府第3代征夷大将
軍。源頼朝の次男として、鎌倉幕府が開かれた年に生まれた。兄
の頼家が追放されると12歳で征夷大将軍に就任。鶴岡八幡宮で頼

【第3章】政治・科学者

家の子の公暁に暗殺され、これにより鎌倉幕府を開いた源氏は将軍職から切り離された。歌人としても名を馳せ、小倉百人一首にも選ばれている。家集『金槐和歌集』がある。

必ず覚えたい幕府将軍 4

足利尊氏

（あしかがたかうじ　1305年-1358年）室町幕府の初代征夷大将軍。建武式目を制定。54歳で死去。室町時代の足利将軍の中で、唯一「義」がつかない征夷大将軍。また武家歌人としても名を馳せ、6種の勅撰集に、86首の和歌が入撰している。

必ず覚えたい幕府将軍 5

足利義満

（あしかがよしみつ　1358年-1408年）室町幕府第3代将軍。南北朝の合一を果たし、出家後、京都北山に鹿苑寺（金閣）を建立。北山文化を開花させた。49歳で逝去。漫画の一休さんに出てくる将軍は、義満である。

必ず覚えたい幕府将軍 6

足利義政

（あしかがよしまさ　1436年-1490年）室町幕府第8代将軍。妻は、苦しむ庶民をよそに巨万の富を築き、「悪女」「守銭奴」と評された日野富子。その妻に幕政を委ね、義政は東山文化を築いた。銀閣寺を建立したが、正確には完成を見ることができずにこの世を去った。

幕府将軍

【江戸幕府】

徳川家康
徳川秀忠
徳川家光
徳川家綱
徳川綱吉
徳川家宣
徳川家継
徳川吉宗
徳川家重
徳川家治
徳川家斉
徳川家慶
徳川家定
徳川家茂
徳川慶喜

【鎌倉幕府】

源頼朝
源頼家
源実朝
藤原頼経
藤原頼嗣
宗尊親王
惟康親王
久明親王
守邦親王

【室町幕府】

足利尊氏
足利義詮
足利義満
足利義持
足利義量
足利義教
足利義勝
足利義政
足利義尚
(代)足利義政
足利義材
足利義澄
足利義植
足利義晴
足利義輝
足利義栄
足利義昭

【第3章】政治・科学者

145

> 傾向

　中心はやはり徳川幕府。将軍の名前だけでなく、「享保の改革」「寛政の改革」「天保の改革」といった三大改革。井伊直弼をはじめ、幕府の実務をになった大老、老中、名物奉行なども出題の対象になるので気をつけてほしいところです。

　鎌倉幕府は、3代目までは必ず覚えましょう。4代目以降は幕府の実務を担った北条得宗家を押さえる必要があります。また「承久の変」「蒙古来襲」といった幕府の命運を賭けた戦も要チェックです。

　室町幕府は、将軍以外にも将軍を補佐する管領職を務める足利一門の有力守護細川・斯波・畠山の三管領、京都内外の警備や刑事裁判を司る侍所の長官を務める赤松・一色・山名・京極の四職といった役職にも注目。さらに、鎌倉公方を滅ぼした「永享の乱」などの戦にも目を配るとよいでしょう。

> 家康から慶喜まで徳川15将軍は、ぜひ名前を全部言えるようになりたい！
> 三大改革や実務を担った幕閣にも注目しておこう。
> 鎌倉幕府は源氏3代の後、幕府を牛耳った執権もチェック。
> 室町幕府は、戦や政変にも目配りが必要だね。

水上ポイント

CATEGORY

有名な法則や定理を生み出す
科学者

科学者のユーモラスな逸話こそ、クイズの宝庫

　世紀の大発見も、その偉大さを理解している人はごくわずか。そのため理数系の分野は、クイズとしても出しづらいと言われています。だから偉大な科学者たちが提唱した理論ではなく、クイズで出題されるのは、彼らのパーソナルな逸話、エピソードこそ、ネタの宝庫というわけです。

　取り上げる科学者もマニアックな偉人は、出題されません。「天才は99%の努力と1%のひらめきである」の名言を残した発明王トーマス・エジソン。「相対性理論」を発表して、それまでの科学の常識を覆したアルバート・アインシュタイン。「それでも地球は動く」の名言を残したガリレオ・ガリレイ。「万有引力の法則」を唱えた近代科学の父アイザック・ニュートン。放射線元素の発見で2度ノーベル賞に輝いたキュリー夫人。「人間は考える葦である」の名言を残した数学者フレーズ・パスカルなど、小学校の頃、伝記を読んだことがある偉人たちが中心です。もし出題傾向を知りたいのなら、図書館の子供向け伝記コーナーに足を運び、目次に目を通すと偉大な科学者たちの意外な素顔を知ることもできます。

【第3章】政治・科学者

147

よく出題される問題

QUESTION 1
晩年はオカルトに凝り、経済学者ケインズに
「最後の錬金術師」と呼ばれた科学者は誰?

QUESTION 2
アインシュタインがノーベル賞を受賞した理由
となったのは、何についての研究?

QUESTION 3
医者の家庭に生まれたダーウィンは、医学部
に入学するも中退しています。医者をあきら
めた理由は?

QUESTION 4
直流を推進するトーマス・エジソンとは犬猿
の仲であった、交流電流の開発者は?

QUESTION 5
1983年、350年という期間を経て無罪という
「逆転判決」が出ている、かつて宗教裁判で
有罪となった科学者は誰?

QUESTION 6
晩年、酒に酔って大工2人を殺傷し、獄中で
最後を迎えた偉人は誰?

A. ①アイザック・ニュートン ②光量子仮説 ③血を見るのが苦手だった
④ニコラ・テスラ ⑤ガリレオ・ガリレイ ⑥平賀源内

必ず覚えたい科学者 1

ニュートン

（サー・アイザック・ニュートン　1642年-1727年）イギリスの数学者、物理学者、天文学者。ニュートン力学の確立や微積分法を発見した近代物理学の祖。「ニュートンはリンゴが落ちるのを見て、万有引力を思いついた」というのは後世の創作。しかし重力理論を完成させたのは事実。1665年、ペストの流行で大学が一時休校となり、実家に戻る。その間に運動の法則、万有引力の法則、光学、一般二項定理、微積分などを着想したり発見したりしたという。

必ず覚えたい科学者 2

アインシュタイン

（アルベルト・アインシュタイン　1879年-1955年）ドイツの理論物理学者。「20世紀最高の物理学者」「現代物理学の父」とも評される。1921年のノーベル物理学賞を光電効果の研究で受賞。特殊相対性理論および一般相対性理論、相対性宇宙論、ブラウン運動の起源を説明する揺動散逸定理、光量子仮説による光の粒子と波動の二重性、アインシュタインの固体比熱理論、零点エネルギー、半古典型のシュレディンガー方程式、ボーズ＝アインシュタイン凝縮などを提唱した業績で知られる。

> 必ず覚えたい科学者 3

ダーウィン

（チャールズ・ロバート・ダーウィン　1809年－1882年）は、イギリスの博物学者。著書『種の起源』で、生物の進化論を発表した。1831年から5年間、海軍の「ビーグル」号に乗り組み、太平洋や大西洋の島々、また南アメリカやガラパゴス諸島などを訪れた。その間に、種が変化する可能性を考えるようになった。

> 必ず覚えたい科学者 4

エジソン

（トーマス・アルバ・エジソン　1847年－1931年）アメリカ合衆国出身の発明家、企業家。発明王の名を持ち、映画の父とも言われている。小学校は三か月で退学。年少の頃から正規の教育を受けず、図書館などで独学で学んだ。列車内で新聞の売り子をしながら実験室をつくったという逸話は非常に有名である。

　蓄音機や白熱電球など生涯におよそ1300もの発明をしたと言われている。

> 必ず覚えたい科学者 5

ガリレオ

（ガリレオ・ガリレイ　1564年－1642年）イタリアの天文学者、物理学者。音楽家で呉服商の家庭の長男として生まれた。「振り子が左右に1往復する時間は一定である」という「振り子の等時性」を発見。また、ピサの斜塔で「落体の法則」を発見したといわれているが、実際に実験を行ったのはピサではなかったようだ。「天文学の父」と称された。

> 必ず覚えたい科学者 6

平賀源内

（ひらがげんない　1728年－1780年）発明家、画家、本草家、起業家、蘭学者など肩書きでは表すことのできない多才な人物。本名は国倫。讃岐国(香川県)生まれ。土用の丑の日にウナギを食べる習慣は、平賀源内が、売上げに悩んだ鰻屋の店主から相談され、「本日、土用の丑の日」と書いて店頭に張り紙をすると、多くのお客が押し寄せ、大繁盛したことから始まったとされている。しかし晩年は荒れた生活を送り、口論から人を殺傷し、獄死したといわれている。

📖 ファーブル

（ジャン・アンリ・カジミール・ファーブル　1823年－1915年）フランスの昆虫学者、博物学者。昆虫の行動研究の先駆者で、研究成果を

まとめた『昆虫記』を発表。同時に作曲活動をし、プロヴァンス語文芸復興の詩人としても知られる。小学校、中学校の教師になり、教鞭をとりながら独学で物理学、数学、自然科学などの知識を身につけた。また昆虫観察も続け『ファーブル昆虫記』を出版。実は作曲や作詩でも知られている。

📖 マリ・キュリー

（マリア・スクウォドフスカ・キュリー　1867年-1934年）ポーランド出身の物理学者・化学者。当時は男女差別のひどい中、パリ大学初の女性教授に就任。放射線の研究で、1903年のノーベル物理学賞、1911年のノーベル化学賞と生涯で2度のノーベル賞を受賞。

📖 コペルニクス

（ニコラウス・コペルニクス　1473年-1543年）ポーランド出身の天文学者。当時、主流だった地球中心の天動説を覆し、太陽を中心とした地動説を述べた。さらにコペルニクスは、聖職者でもあり、知事や長官、法学者、医者と様々な分野で能力を発揮した。

📖 ピタゴラス

（ピタゴラス　紀元前582年-紀元前496年）古代ギリシアの哲学者。皆さんも知っているように「ピタゴラスの定理」を発表。サモス島で生まれたため「サモスの賢人」と呼ばれた。その後「数学がすべてである」という理念のピタゴラス教団を創設。その思想はプラトンにも大きな影響を与えた。

📖 パスカル

（ブレーズ・パスカル　1623年-1662年）フランスの数学者、物理学者、思想家。パスカルの三角形、パスカルの定理などで有名な数学者だが、早熟の天才で、その才能は多分野に及んだが30歳で死去。「人間は考える葦である」などの名言を残した。遺稿集の『パンセ』は有名である。フランスの紙幣、500フランに肖像が採用されていた。

📖 ケプラー

（ヨハネス・ケプラー　1571年-1630年）ドイツの天文学者。惑星の運動について説いた「ケプラーの法則」で有名。新星、ケプラー星を発見。主な著書は『宇宙の神秘』。ケプラーは、ニュートンの万有引力理論に重要な影響を与えたことで、地動説確立にも大きく貢献した。2009年、NASAが打ち上げたケプラー宇宙望遠鏡は、ケプラーにちなんで命名された（運用は2018年で終了）。

📖 マルクス

（カール・マルクス　1818年-1883年）ドイツ・プロイセン王国出身の思想家。科学的社会主義、共産主義の祖と言われる。1845年にプロイセン国籍を離脱してからは無国籍者だった。同じ社会主義思想家の友人、エンゲルスの協力を得て、マルクス主義を提唱。資本主義ではなく社会主義・共産主義社会の必然性を説いた。『資本論』を発表し、レーニンやスターリン、毛沢東などに大きな影響を与えた。

📖 フレミング

（ジョン・アンブローズ・フレミング　1849年-1945年）イギリスの物理学者。また、フレミングの法則（右手の法則と左手の法則）を考

【第3章】政治・科学者

えたことで有名。勉学から離れると敬虔なキリスト教徒であり、写真家としての腕前もすごかったようだ。趣味は水彩画、アルプス登山。

📖 デカルト

（ルネ・デカルト　1596年－1650年）フランス出身の哲学者。20代で、オランダへ行き志願将校としてオランダ軍に入隊したが、すぐに除隊。30代半ばからオランダで哲学研究に没頭した。『宇宙論』を発表したが、ガリレオ裁判の影響で出版中止。主な著書は『方法序説』『省察録』『哲学原理』。すべてを疑うが、疑っている自己の存在を真理と認め、「我思う、故に我あり」という言葉が有名。

📖 ホーキング

（スティーヴン・ウィリアム・ホーキング　1942年－2018年）イギリスの理論物理学者。大学在学中にALSが発覚。病気を患いながらも研究を続けを、タイムトラベルが不可能であるとする「時間順序保護仮説」を提唱。「車椅子の物理学者」と呼ばれていた。

📖 湯川秀樹

（ゆかわひでき　1907年－1981年）日本の理論物理学者。京都大学・大阪大学名誉教授。学位は理学博士。イギリスの物理学者セシル・パウエルが、宇宙線の中からパイ中間子を発見したことで、湯川の理論が正しいと証明された。これにより日本人として初めてノーベル賞を受賞。

傾向

　一芸に秀でた人は、どこかユーモラス。"才能は、欠落"のたとえがあるように、偉人たちの人生は揃いも揃って波乱万丈です。

　小学生でも知っている偉大な科学者の名前と顔、実績と共に、こうしたエピソードが出題されます。

　逆説的な言い方をすると、そうしたエピソードをたくさん持った科学者がクイズの問題に選ばれるといっても過言ではありません。

　彼らの名言も要チェック。また、ユニークな発明発見秘話は度々、クイズ番組に登場しています。自分がクイズ制作者になったつもりで、問題を予測するのも対策の一つです。

　クイズがテレビで出題される場合は、絵や写真といったビジュアルの資料がない科学者は取り上げられません。

【第3章】政治・科学者

理系の問題は、科学史の問題が多め。有名な科学者の業績は確認しておこう。どんな時代に生きていたかも大事だよ。
偉人たちのユーモラスな逸話こそ、ネタがいっぱい。
図書館の子供向け「伝記」コーナーをチェックしてみよう。

MIZUKAMI NOTE

第4章
言葉・記号
WORD, MARK

> 動物や魚の漢字やことわざなどは、日頃からコツコツと!

【第4章】言葉・記号

【 CATEGORY 】

四字熟語
ことわざ・古事成語
難漢字・畳語
天気・地図記号
元素記号・単位

CATEGORY

漢字クイズでは欠かせない
四字熟語

遊びながら、まずは漢字と親しくなってみよう

　漢字の組み合わせで作られる熟語の中でも、四字熟語は、四字熟語辞典が多数出版されるほど、数が多く、重要なものが多いのです。もちろん、クイズにもよく出題されます。

　問題形式は、簡単なものだと筆記問題、ちょっと難しい答えだとパズルの穴埋め問題が主流になるでしょう。その場合、身近なところで見聞きするものが結構、出題されます。

　「意味深長（×意味慎重）」や「五里霧中（×五里夢中）」など簡単そうに思えて、間違えやすいものもチェックしておきましょう。

　さらに知っておかなければならないのは、中国で昔から使われていた熟語。漢詩などから部分的に抜かれて、日本でも使われるようになった「臥薪嘗胆」「朝三暮四」などです。後述する故事成語で紹介しますが、この場合、同じ四字熟語だといっても、その由来や出展書物なども覚えておくとよいでしょう。

　他には仏教用語に由来するものもあります。「四苦八苦」「他力本願」などがそれで、穴埋め問題の場合には簡単ですが、「四苦とは何？」といった難問問題も出題されることがあります。ここでは出題されやすい基本的な四字熟語を紹介します。

よく出題される問題

空欄を埋めて四字熟語を完成させなさい。

QUESTION 1
夏□冬□
時季外れで役に立たないもののこと

QUESTION 2
□□雀□
大喜びすること

QUESTION 3
□刀□□
すっぱりと本題に進むこと

QUESTION 4
門前□□
ひっそりした様子

QUESTION 5
□靴□□
思い通りにいかず、もどかしいこと

QUESTION 6
夜□□□
自分の力量も知らずに威張ること

【第4章】言葉・記号

A. ①夏炉冬扇 ②欣喜雀躍 ③単刀直入 ④門前雀羅 ⑤隔靴掻痒
⑥夜郎自大

必ず覚えたい四字熟語 1

夏炉冬扇　かろとうせん

　夏の火鉢と冬の扇、どちらも季節に外れていて役に立たないものである。同様のことわざに「六日の菖蒲、十日の菊」という言葉がある。菖蒲は五月五日の端午の節句、菊は九月九日の重陽の節句に用いるものでどちらも1日遅れでは間に合わない。類語の「後の祭り」の「祭り」とは、祇園祭のことを指しているという説がある。

必ず覚えたい四字熟語 2

欣喜雀躍　きんきじゃくやく

　「雀躍」とは雀がぴょんぴょんと跳ねる様子を指している。ぴょんぴょんと飛び上がって喜ぶことを意味する。

必ず覚えたい四字熟語 3

単刀直入　たんとうちょくにゅう

　一本の刀だけを持って敵陣に切り込むことから、前置きなしに本題に入ることを意味する。「短刀直入」と間違えやすいので注意。同様に間違えやすい例として、×異句同音→○異口同音、意味慎重→○意味深長といったものがあり、クイズでも頻出。

必ず覚えたい四字熟語 4

門前雀羅　もんぜんじゃくら

門の前に網を張って雀を捕まえられるほど人の行き来が無く、寂れたさま。「門前雀羅を張る」ともいう。対義語に「門前市を成す」は人通りが激しいことをいう。

必ず覚えたい四字熟語 5

隔靴掻痒　かっかそうよう

　靴を履いたまま痒いところを掻くという意味から、痒いところに手が届かない意味をあらえわす。対して思い通りにいくことを「麻姑掻痒」という。「麻姑」とは鳥のような長爪をもっているとされる中国の仙女のことで、爪が長く掻きやすいというところから「孫の手」の由来になったという。

必ず覚えたい四字熟語 6

夜郎自大　やろうじだい

　「夜郎」は中国・漢の時代に存在したとされる部族の国の名前。小国であったが、自国を漢と張り合うほどの大国であると過大評価していた。

魑魅魍魎　ちみもうりょう

　「魑魅」は山の妖怪、「魍魎」は川の妖怪であり、多種多様な妖怪の総称。すべての文字の部首が「鬼にょう」になっている。

【第4章】言葉・記号

偕老同穴　かいろうどうけつ

生きてはともに年をとり、死んでは一緒に墓穴に葬られるような夫婦仲のこと。かごのような体のつくりをしており、中に雄雌一対のエビが住んでいることがあるから海綿動物の名前にもなっている。

秋霜烈日　しゅうそうれつじつ

「秋の冷たい霜」と「夏の強い日差し」の意から。権威や意思が激しいことを表す。検察官バッジの別名にもなっている。

葦編三絶　いへんさんぜつ

一冊の書籍を繰り返し読むこと。孔子が易経を何回も繰り返し読んでいたという故事に由来する。

鶏鳴狗盗　けいめいくとう

卑しい人、またどんな小人物でも役に立つことがあるというたとえ。かつて斉の孟嘗君がニワトリの鳴きまねしかできない人物や犬のようなコソ泥を食客として雇っていた。敵国から逃亡するとき、コソ泥に盗みをさせ、ニワトリの鳴きまねによって朝がきたと勘違いさせて関所を通って難を逃れたという故事に由来する。

已己巳己　いこみき

文字の形が似ていることから、双方がよく似ていることのたとえ。「已」「己」「巳」はそれぞれ別の漢字である。

傾向

　まずは正しい漢字で覚えておくことが大切です。パズルの穴埋め問題として出題されることも多く、せっかく音はわかっていても正しい漢字が書けないと正解ではないのです。

　あまり見慣れない、聞きなれないものよりは、よく使うけれどつい間違って覚えてしまっているものが出題の元になる傾向が大きいと思います。

　さらに、その由来が問われることも多いのです。「一騎当千」は『太平記』、「呉越同舟」は孫氏の兵法書からです。それぞれの意味やストーリーを覚えておくといいでしょう。

　漢字は一字でも、その成り立ちや意味、正しく書けるか、などクイズとして出題されるのは様々な切り口があります。 日頃から意識して漢字に触れる、その由来を調べてみることが知識を増やすことになります。

水上ポイント

日頃から古典や仏教の歴史に親しもう。
よく四字熟語を使う新聞や、雑誌に目を通すことも忘れずに。
四字熟語辞典などで、由来に触れてみるのもいいよね。
同じ意味を表す四字熟語も一緒に覚えよう！

【第4章】言葉・記号

CATEGORY

言語の由来も覚えよう、
ことわざ・故事成語

四字熟語も含めて言葉の由来から覚えていく

　ことわざ・故事成語は、クイズ番組において基本のキ。正解して当然と言われるものです。

　「アブ蜂取らず、アブも蜂も取れなかった生き物は何?」は、よく出題される一例です。答えはクモ。

　また「ゴマをする、英語で言うと何を磨く?」答えはりんご。Apple polishです。

　日本語のことわざとアメリカのことわざの同じ意味の整合性を問われることもありますが、まずはより多くのことわざ、故事成語を覚えましょう。ことわざと故事成語の違いは、ことわざは昔から言い伝えられたことですが、故事成語とは、中国の史書の中から生まれた教訓だという点です。

　出題のされ方も様々で、例えば、「タイの尾よりイワシの頭を、二種類の哺乳類を使って何というでしょう」という問題。答えは、「鶏口となるも牛後となるなかれ」、四字熟語では「鶏口牛後」です。言葉の由来を知っていないと、クイズには役に立ちません。「急がば回れ、の回った場所はどこでしょう?」答えは、琵琶湖。琵琶湖を渡りたかったのですが、船で渡るよりも迂回した方が結局、早いよという意味だったのです。

164

> 必ず覚えたいことわざ・故事成語 1

万緑叢中紅一点　　ばんりょくそうちゅうこういってん

　見渡す限りの緑の草むらの中に、紅い花が一輪あでやかに咲いていることから、多くの男性の中に、女性が一人華やかに混じっていること。多くのものの中で、ただ一つ際立っているもの。略して「紅一点」ともいう。もとは中国の王安石の詩。

> 必ず覚えたいことわざ・故事成語 2

世の中は三日見ぬ間の桜かな
よのなかはみっかみぬまのさくらかな

　世の中の移り変わりが激しいたとえ。三日しか見ていないだけなのに、これまで満開だった桜の花があっという間に散ってしまうことに掛けた言葉。単に「三日見ぬ間の桜」ともいう。江戸時代の俳人、大島蓼太の俳句から、用いられるようになった。

> 必ず覚えたいことわざ・故事成語 3

六日の菖蒲、十日の菊　　むいかのあやめ、とおかのきく

　5月5日の端午の節句に使用される菖蒲が5月6日に手に入ったとしても既に遅い。また9月9日の重陽の節句に用いる菊は9月10日では間に合わないということから、必要とするときに間に合わず、役立たないという意味を表す。「後の祭り」「夏炉冬扇」と同じ意味。重陽の節句とは、中国から伝わった「菊の節句」。

【第4章】言葉・記号

165

必ず覚えたいことわざ・故事成語 4

鶴の一声　　つるのひとこえ

意見などが対立する人たちを、権威者・有力者の一言で議論や意見を否応なしに従わせること。「雀の千声鶴の一声」で、つまらない者の千言より、すぐれた人の一言がまさっていることを意味する。

必ず覚えたいことわざ・故事成語 5

孟母三遷の教え　　もうぼさんせんのおしえ

子どもの教育には環境が大切だという教え。また、教育熱心な母親のたとえ。孟子は幼い頃墓地の近くに住めば葬式の真似をし、市場の近くに引っ越すと商売人の真似をした。学校の近くに引っ越すと学習を真似るようになったので教育に最適な場所として安住したという故事から。「三遷の教え」「孟母三遷」ともいう。

📖　悪事千里を走る　　あくじせんりをはしる

悪い行いや悪い評判は、千里を駆け巡るようにすぐに世間に広まるという意味。宋の孫光憲による『北夢瑣言』に「好事門を出でず、悪事千里を行く」という文から生まれた言葉。

📖　温故知新　　おんこちしん

以前に学んだことや昔の事柄を再度調べたり考えたりして、新しい知識や見方を得ること。古いものをたずね求めて新しい事柄を知る意味。「温」はたずね求めるという意味。一説に、冷たいものをあ

たため直し味わう意とも。「故きを温ねて新しきを知る」または「故き
を温めて新しきを知る」と訓読する。『論語』から

📖 臥薪嘗胆　　がしんしょうたん

　将来の目的を遂げるために今は我慢して苦労に耐えること。薪の
上に寝て苦いきもをなめる意から。「臥」はふし寝る意。「薪」はた
きぎ。「嘗」はなめること。「胆」は苦いきも。敗戦した王が復讐の
心を忘れないため、労苦を自身に課して耐え忍ぶことを意味する。

📖 破天荒　　はてんこう

　今まで誰もなしえなかったことを初めてすること。また、そのさま。
唐の時代の吏登用試験（役人試験）に荊州地方からは合格者が出
なかったので「天荒」と呼ばれていたが、劉蛻が初めて合格し、
天荒を破ったことから。これは現代では誤用されることが多い。『唐
摭言』『北夢瑣言』から。

📖 王道　　おうどう

　安易な方法。楽な道。最も適したやり方、近道。
　古代中国の儒教の言葉の一つ。孔子の教えを継いだ孟子が考え
たもの。「君主は仁徳を持って国を治める」という教えから転じて、
物事が進む最も正当な道という意味で使われる。

📖 偕老同穴　　かいろうどうけつ

　夫婦が仲良く添い遂げること。夫婦の信頼関係がかたく仲むつま
じいたとえ。夫婦がともにむつまじく年を重ね、死後は同じ墓に葬ら
れること。「偕」は共に、「穴」は墓の意。『詩経』の「子と偕（と

【第4章】言葉・記号

も）に老いん（偕老）」と「死すれば則ち穴を同じくせん（同穴）」という二つの誓いの言葉を合わせたもの。

📖 瓜田に履を納れず　かでんにくつをいれず

人に疑われる恐れのある行為はするなという戒め。

由来は『古楽府・君子行』の「瓜田不納履、李下不正冠」より、瓜の畑の中で靴を履き直すためかがむと、瓜を盗むと疑われる。また、李の木の下で冠を被り直せば、李を盗むと疑われるということから。

📖 画餅に帰す　がべいにきす

考えて計画したことが実際の役に立たず、無駄骨になること。「画餅」とは、絵に描いた餅で、「帰す」は、終わる、戻るの意味。どんなに素晴らしい餅の絵でも、絵は食べられないことから。『三国志・魏書』より。

📖 明鏡止水　めいきょうしすい

「明鏡」は、一点の曇りもなく、綺麗に映る鏡。「止水」とは、流れずにとどまった澄んだ水面。心にやましい点がなく、澄みきっていること。『荘子・徳充符』より。

📖 一張羅　いっちょうら

持っている着物の中で最も上等な着物。たった1枚しかない着物。一挺蝋（いっちょうろう）が訛った言葉。一挺蝋とは、1本のロウソクで、昔、ロウソクは非常に高価なんものだったから。

📖 乾坤一擲　けっこんいってき

天に運を任せ、いちかばちかの大勝負に出ること。「乾」は「天」、

「坤」は「地」、「乾坤」で「天地」、また「一擲」はサイコロを投げること。天地をかけて一回さいころを投げるという意味から、運命をかけての大勝負に出ることをいう。

📖 鶏口牛後　けいこうぎゅうご

大きな集団の中で末端にいて使われるよりも、小さな集団でも長となる方がよいということ。鶏口とは、鶏の口の意味から、小さな団体のトップ。「牛後」とは、牛の尻の意味から、大きな団体の下っ端を表す。出典は『史記』蘇秦列伝。

📖 蛍雪の功　けいせつのこう

苦労して勉学に励んだ成果のこと。家が貧しく油が買えず暗闇の中、蛍を集め、その光で勉強した人がいた。また、同じく家が貧しかった男は、雪が月を反射する明かりで勉学に励んだ。この2人は共に出世したため、この故事が生まれた。卒業式の祝辞で用いられる「蛍の光、窓の雪……」という歌詞はこの故事からきている。

📖 科挙圧巻　かきょあっかん

最もすぐれていることを表す。科挙とは、古くから中国で行われた官吏登用のための試験で、「圧巻」の「巻」は試験の答案用紙のこと。当時、束ねられた答案用紙の中でも、一番成績の良いものが一番上に置かれたため、他答案用紙を圧していた。これが謂れ。

📖 呉越同舟　ごえつどうしゅう

仲の悪い者同士が同じ場所に居合わせたり、反目しながらも共通の利害のために協力すること。春秋時代、敵同士だった呉と越の国

【第4章】言葉・記号

が、同じ舟に乗り合わせ、暴風に襲われて舟が転覆しそうになったとき、互いに助け合ったという故事から。

📖 国士無双　こくしむそう

国内で並ぶ者がない、一番すぐれた人物を意味する。

「国士」は国内で最も優れている人物で、「無双」は二つとないこと。前漢の高祖劉邦に仕えた大将軍、韓信を、「国に二人といない、得難い人材」と讃えた言葉から。『史記　淮陰侯列伝』から。

📖 四面楚歌　しめんそか

まわりが敵・反対者ばかりで、助けや味方がいないこと。

四面を漢の劉邦軍に囲まれた、楚の項羽が、楚の歌を聞き、漢に降くだった楚を驚き嘆いた故事から。

📖 義を見てせざるは勇無きなり
ぎをみてせざるはゆうきなきけり

人として当然行うべき正義だと知りながら、それを実行しないのは勇気がないのと同じことだという意味。『論語 為政第二』から。

📖 登竜門　とうりゅうもん

出世のための関門。人生の岐路となるような重要な試験をいう。

「竜門」とは、黄河上流にある竜門山を切り開いてできた急流のこと。この竜門を登りきった鯉がいたら、それは竜になるだろうとの伝説から。『後漢書 李膺伝』の故事より。

傾向

普段使うことわざではその由来が、普段使わない難しいことわざでは、そのことわざ自体がクイズになる傾向があります。有名なものは、誰でもわかるので一捻りを加えなければならないのです。

故事成語は、起源や由来を大切にすると効率的です。

「塞翁が馬」は、塞翁が馬に逃げられ、逃げた馬が他の馬を連れてきたり、幸不幸はわからないものだという意味ですが、この塞翁が、ほくそ笑むの由来なんです。北叟というのが塞翁のことなのです。

「燕雀安んぞ鴻鵠の志を知らんや」、「勧学院の雀は蒙求を囀る」など答えられるとカッコいいものも覚えておきたいですね。

たとえ一度覚えても、使わないとすぐに忘れます。まず覚えたら、すぐ使ってみることがお勧めです。

水上ポイント

> ことわざについては一つひとつ対応するしかない。
> まとめて覚えるときは、ことわざ辞典を活用しよう!
> 言葉にすると忘れないので実際の場面で使ってみるのもいいよね。
> 難しいことわざを、さらっと言えるとカッコいいね。

> CATEGORY

植物や動物などの
難漢字・畳語

なるほど感にあふれている漢字の面白さ

難漢字は出やすいものと出にくいものという境を見極めるのは非常に難しく、やるなら満遍なく勉強しておきたいものです。単純に書かせるものもあれば、その由来を聞かれたりと出題方法も多彩です。

例えば、「清正人参はなんと読むでしょうか?」という問題や、難易度の高いものだと「その由来は何?」という問題も出てきます。答えは「セロリ」と読み、由来は「朝鮮出兵から帰国した加藤清正がセロリを持ってきたこと」です。

漢字自体に、隠れた意味があるので、ただ難しいだけではなく、ちょっとした含みのあるものは出題されやすいのです。

また魚の名前もよく出題されます。

魚へんに春と書いて「さわら」、は比較的答えやすいですが、では秋と書くとどうでしょう。これは「かじか」。「秋刀魚」と勘違いしそうですね。さらに冬と書くと「このしろ」です。だから春夏秋冬の中で夏だけが、魚へんの漢字がないということです。

また、いわな、は岩魚と普通は覚えていますが、「鮇」という漢字もあります。魚だけではなく、虫や動物などは、一つのものに対して複数の漢字が当てられていることがあります。ヒトデは

「人手」とも書きますが、「海盤車」とも書きます。

　生き物の漢字、食べ物の漢字といったジャンルで捉えると、頭の中で整理しやすいかもしれません。

　難漢字の中でも、難易度が高いのが、送り仮名の違いで、読み方、意味が変わってくるものです。みなさんご存じの「戦う（たたかう）」という漢字ですが、「戦く」と「戦ぐ」を書いてそれぞれどう読むか、わかりますか。答えは、「おののく」と「そよぐ」です。さらに、「論じる」という使い慣れた漢字ですが、「論う」で、「あげつらう」と読みます。これは要チェック。

　「蠢（ウゴメ）く」などは、漢字を分解してみると雰囲気が出て、覚えやすいかもしれません。「春の虫が、蠢く」と。

　また、紅葉＝もみじ、五月雨＝さみだれ、のように、漢字二文字以上の熟字全体に日本語をあてる熟字訓も押さえておきたいところです。海月＝くらげ、紅娘＝てんとうむし、などは面白いですね。

　同じ漢字でも二つ並べる畳語も覚えましょう。漢字1文字は決して難しくないのですが並べられると意味がわからなくなってしまうのも、また漢字の意味から推測できるのも漢字クイズならではの醍醐味です。

　例えば、刻一刻の刻を並べて「刻刻」と書くと「ギザギザ」と読んだり、毳毳を「ケバケバ」と読んだり、畳語は雰囲気から読み取ることができます。

　難漢字を本格的に網羅しようとすると漢検準1級から1級くらいの勉強をしなければならないでしょうが、興味がある方は是非チャレンジを。

【CATEGORY】
魚・海の動物

鰆

【さわら】

出世魚で「サゴシ」「ナギ」「サワラ」と名を変える。冬から春の産卵期に多く獲れることから春の魚と書くと言われる。鰆の季語は春。

鰍

【かじか】

他に杜父魚、鮖、河鹿とも書かれる。昔、鳴き声が渓流に住むカジカガエルに似ていると言われて名付けられたとの説があるが、鳴くことはない。

鮗

【このしろ】

出世魚で、10センチくらいのものは「ツナシ」と呼ばれ、古くは大伴家持の和歌に「都奈之（ツナシ）」と書かれている。

【かぶとがに】

鱟

他に甲蟹、兜蟹、鱟魚などとも書かれる。カニという文字が使われているが、カニとは異なる鋏角類(キョウカクルイ)になる。

【すけとうだら】

鯳

他に介党鱈、明太子魚とも書かれる。この魚の卵を辛子明太子などの加工食品として活用されている。

【さんしょううお】

鯢

山椒魚とも書かれる。外敵から身を守るため、毒性の液を出すが、それが山椒の香りに似ていることから名付けられたと言われている。

初級

鯵【あじ】	鮎【あゆ】	鰻【うなぎ】	鱚【きす】
鯨【くじら】	鮭【さけ】	鮃【ひらめ】	鮫【さめ】
鯱【しゃち】	鯛【たい】	鮹【たこ】	鯰【なまず】
鱧【はも】	鮒【ふな】	鰤【ぶり】	鮪【まぐろ】
鱒【ます】	鮟鱇【あんこう】	柳葉魚【ししゃも】	鰯【いわし】

中級

鯏	鰈	鮊	鱸
【あさり】	【かれい】	【しらうお】	【すずき】
鰰	鱓	𩸽	鮍
【いわな】	【うつぼ】	【ほっけ】	【かわはぎ】
海象	儒艮	海鞘	海馬
【せいうち】	【じゅごん】	【ほや】	【たつのおとしご】
海月	海鼠	蝦蛄	翻車魚
【くらげ】	【なまこ】	【しゃこ】	【まんぼう】
海豹	海驢	海狗	海盤車
【あざらし】	【あしか】	【おっとせい】	【ひとで】

【第4章】言葉・記号

上級

鯧	鮚	鱲	鰉
【まながつお】	【はまぐり】	【からすみ】	【ひがい】
竹麦魚	石首魚	氷下魚	拶双魚
【ほうぼう】	【いしもち】	【こまい】	【さっぱ】
王余魚	馬鮫魚	靴底魚	青花魚
【かれい】	【さわら】	【したびらめ】	【さば】
望潮魚	海馬	寄居虫	挙螺
【いいだこ】	【とど】	【やどかり】	【さざえ】
蝦虎魚	虎魚	魚虎	石決明
【はぜ】	【おこぜ】	【はりせんぼん】	【あわび】

【CATEGORY】
虫・動物

【シラミ】

シラミの語源は、「白虫（しらむし）」。1000種類ほどが存在し、動物に寄生して生きている。

【ボウフラ】

蚊の幼虫のこと。ボウフラは水の中で泳ぐときに細い棒が揺れるように見えることから名付けられた。「棒振り」が訛ってボウフラになった。

【カミキリムシ】

髪切虫とも書く。平安中期の辞書『和名抄』に「齧髪虫」と記載され、当時は、カミキリ虫は人の髪をかじると思われていた。

【第4章】言葉・記号

水馬

【アメンボ】

他に水黽、水馬、飴坊、飴棒とも書かれる。名前の「アメ」は「雨」ではなく「飴」の意味で、体から飴のような匂いを発するからとのこと。

鳳蝶

【アゲハチョウ】

揚羽蝶とも書く。大きな黄色い羽は黒い斑点やラインで彩られている。モンシロチョウと比べて大きく派手なイメージを与える。

紅娘

【てんとうむし】

他に天道虫・瓢虫とも書かれる。枝の先から空へ上に飛び立つ姿が、お天道様に向かっていくことから、てんとう虫と呼ばれるようになったと言われている。

初級

尺取虫	虻	蝗	蛆
【しゃくとりむし】	【あぶ】	【イナゴ】	【うじ】
蟷螂	鍬形	蠍	百足
【カマキリ】	【くわがた】	【サソリ】	【ムカデ】
蓑虫	蛭	甲虫	紋白蝶
【みのむし】	【ひる】	【カブトムシ】	【もんしろちょう】
微塵子	椿象	螻蛄	蝸牛
【みじんこ】	【かめむし】	【けら】	【かたつむり】
水蠆	蟋蟀	蜉蝣	蛞蝓
【やご】	【こおろぎ】	【かげろう】	【なめくじ】

【第4章】言葉・記号

181

中級

飛蝗	胡蜂	竹節虫	吉丁虫
【バッタ】	【スズメバチ】	【ななふし】	【たまむし】
蜻蛉	茅蜩	蚋	沙蚕
【トンボ】	【ひぐらし】	【ぶゆ】	【ゴカイ】
歩行虫	寒蝉	馬大頭	蟻
【おさむし】	【つくつくぼうし】	【おにやんま】	【あり】
豆娘	叫哥哥	竜蝨	叩頭虫
【いととんぼ】	【キリギリス】	【ゲンゴロウ】	【こめつきむし】
宮魂	蟾蜍	照夜清	赤龍
【せみ】	【ヒキガエル】	【ほたる】	【ミミズ】

上級

守宮	氈鹿・羚羊	飯匙倩	豪猪
【ヤモリ】	【かもしか】	【はぶ】	【ヤマアラシ】
鼬鼠	箆鹿	子守熊	倉鼠
【いたち】	【へらじか】	【こあら】	【ハムスター】
馴鹿	長尾驢	小熊猫	鴨嘴
【トナカイ】	【カンガルー】	【レッサーパンダ】	【カモノハシ】
大熊猫	大猩々	黒猩々	猩々
【パンダ】	【ゴリラ】	【チンパンジー】	【オラウータン】
膃肭臍	川獺	樹懶	雨虎
【オットセイ】	【カワウソ】	【ナマケモノ】	【アメフラシ】

【第4章】言葉・記号

【CATEGORY】
果物・野菜

清正人参

【セロリ】

ヨーロッパ原産の植物だが、朝鮮出兵時に、加藤清正が、セロリを日本に持ち帰ったことから、「清正人参」と呼ばれるようになったという。

薇

【ぜんまい】

紫萁とも書く。昔、若葉が、小銭の大きさで渦巻状になっている姿から、「銭巻（ぜにまき）」と言われていた。それが訛り「ぜんまい」になった。

竜髭菜

【アスパラガス】

アスパラガスの葉が竜の髭に似ていることから、このよう漢字になったといわれている。アスパラガスという名前は、古代ギリシャ語の「裂ける」に由来している。

【パパイヤ】

万寿果

蕃瓜樹とも書く。由来は、カリブ海沿岸地域で呼ばれていた「アババイ」。沖縄では、野菜としてチャンプルなどに用いられる。別名「木瓜（もっか）」ともいう。

【パイナップル】

鳳梨

パイナップルは、姿形が松ぼっくりに似ていることから、松（パイン）の果実（アップル）が語源になっている。

【アボカド】

鰐梨

深緑のゴツゴツした表面が、ワニの背中の皮に似ていると言われ、鰐梨と書かれるようになったという。英語ではアリゲイターペアと言われる。

【第4章】言葉・記号

185

初級

笋	甘藍	辣韮	胡桃
【たけのこ】	【キャベツ】	【らっきょう】	【くるみ】
蕪	木耳	胡瓜	胡椒
【かぶ】	【きくらげ】	【きゅうり】	【コショウ】
牛蒡	莢隠元	搾菜	湿地
【ゴボウ】	【さやいんげん】	【ザーサイ】	【しめじ】
桜桃	木通	藺草	豌豆
【サクランボ】	【あけび】	【いぐさ】	【えんどう】
梔子	躑躅	木賊	薯蕷芋
【くちなし】	【つつじ】	【とくさ】	【とろろいも】

中級

大蒜	鬼灯・酸漿	木瓜	水雲
【ニンニク】	【ほおずき】	【ぼけ】	【もずく】
蓬	陸蓮根	青豌豆・実豌豆	苦瓜
【よもぎ】	【オクラ】	【グリンピース】	【ゴーヤー】
青梗菜	玉蜀黍	杜若	百日紅
【チンゲンサイ】	【トウモロコシ】	【かきつばた】	【さるすべり】
石榴	慈姑	天糸瓜	車前草
【ザクロ】	【クワイ】	【ヘチマ】	【おおばこ】
櫟橡	茱萸	朱欒	回青橙
【くぬぎ】	【ぐみ】	【ザボン】	【だいだい】

【第4章】言葉・記号

上級

等頭菜	蕃椒	満天星	蕃茄
【つくし】	【とうがらし】	【どうだんつつじ】	【トマト】
薺	甘蔗	菠薐草	檬果
【なずな】	【バナナ】	【ほうれんそう】	【マンゴー】
彌猴桃	麝香猫果	無花果	花椰菜
【キウイ】	【ドリアン】	【イチジク】	【カリフラワー】
芽花椰菜	荔枝	萵苣	和蘭芹
【ブロッコリー】	【ライチ】	【レタス】	【パセリ】
風信子	火龍果	蕃石榴	五歛子
【ヒヤシンス】	【ドラゴンフルーツ】	【グアバ】	【スターフルーツ】

【CATEGORY】
難漢字

嬲る	寅む	彳む	論う
【なぶる】	【つつしむ】	【たたずむ】	【あげつらう】
購う	聊か	宛う	諂う
【あがなう】	【いささか】	【あてがう】	【へつらう】
衒う	揮う	演う	弄う
【てらう】	【ふるう】	【おこなう】	【いらう】
念う	希う	嗾ける	盟う
【おもう】	【こいねがう】	【けしかける】	【ちかう】
諍う	抗う	候う	随う
【あらそう】	【こいねがう】	【さぶらう】	【したがう】

【第4章】言葉・記号

189

繙く	顰める	瞑る	恰も
【ひもとく】	【しかめる】	【つぶる】	【あたかも】
強ち	肖る	稚い	坐ら
【あながち】	【あやかる】	【いとけない】	【いながら】
況や	抉る	夥しい	徐に
【いわんや】	【えぐる】	【おびただしい】	【おもむろに】
忝い	感ける	挙って	聢り
【かたじけない】	【かまける】	【こぞって】	【しっかり】
設える	悄気る	唆す	屯する
【しつらえる】	【しょげる】	【そそのかす】	【たむろする】

190

【CATEGORY】
畳語

厭厭	苛苛	怖怖	兼兼
【いやいや】	【いらいら】	【おじおじ・おずおず】	【かねがね】
煌煌	交交	愈々	悄悄
【きらきら・ぎらぎら】	【こもごも】	【いよいよ】	【しおじお】
嫋嫋	毳毳	滑滑	偶偶
【しなしな】	【けばけば】	【すべすべ】	【たまたま】
滴滴	艶艶	熟熟	温温
【たらたら】	【つやつや】	【つらつら】	【ぬくぬく】
粘粘	諸諸	遥遥	茫茫
【ねばねば】	【もろもろ】	【はるばる】	【ぼうぼう】

【第4章】言葉・記号

片片	総総	仄仄	区区
【ひらひら】	【ふさふさ】	【ほのぼの】	【まちまち】
限限	態態	戦戦	予予
【ぎりぎり】	【わざわざ】	【わなわな】	【かねがね】
爛爛	然然	刻刻	緊緊
【らんらん】	【しかじか】	【ぎざぎざ】	【ひしひし】
散散	磊磊	爽爽	沁沁
【ばらばら】	【らいらい】	【さばさば】	【しみじみ】
寸寸	兀兀	悄悄	努努
【ずたずた】	【こつこつ】	【すごすご】	【ゆめゆめ】

> 傾向

　食べ物、飲み物、野菜、果物、魚、哺乳類など、割と身近なものの漢字が問われます。

　魚や虫などの漢字は、季節や形状などがヒントになったり、発想を活かせば、知らなくても答えられるものも少なくありません。

　送り仮名が変わると読み方が変わる漢字は、本来の意味からでは想像できないものもあるのでしっかり覚えましょう。

　畳語に関しては、「毳毳しい」「刻刻」など想像できそうなものや、「兀兀」といった知っていれば鼻高々になれるようなものが出題される傾向にあります。

　一度、書いてみることをお勧めします。本当に難しい漢字より、書いてみて、なるほどな感覚がクイズでは肝です。

＼水上ポイント／

難漢字のクイズ出題は読みが中心。答えを聞けば、なるほど〜と思うものも多いはず。街を歩きながら読めそうで読めない漢字を読んでみよう！
漢字のヘンやつくりの意味を意識すると覚えやすくなるよ。

【第4章】言葉・記号

CATEGORY

共通の記号も出題される
天気・地図記号

天気記号と地図記号は、関連づけて覚えよう

　天気記号と地図記号は、小学校で習うような知識ですが、これを組み合わせることでクイズの問題になります。

　「地図記号で『市役所』を表す記号は、天気記号では何を表すでしょう」といった問題ができます。正解は、「曇り」ですね。もう一つ例を挙げると、「地図記号で『警察署』を表す記号は、天気記号では『天気不明』」。こういった問題もよく出題されます。また小学校の頃、知らなかった天気記号、例えば「雨強し」「にわか雨」といったものも出題される可能性があります。

　地図記号は数年にひとつの割合で増えています。「老人ホーム」は⛩。新しい記号は要チェックです。

　さらに、その記号を表す意味についての出題も、しばしば見られます。例えば「『消防署』を意味する地図記号は、元々何をかたどったものでしょう」といった問題です。正解は「刺又」。刺又とは、家を建て壊す時に使われていたもの。江戸時代は火事が多く延焼を避けるために、隣の家を刺又で壊していたことからきています。

　「裁判所」の地図記号の意味も奥深く、時代劇に掲げられた「高札」を意味するなど、地図記号のカタチには深い意味があり、視聴者のためにも役に立つため、好まれています。

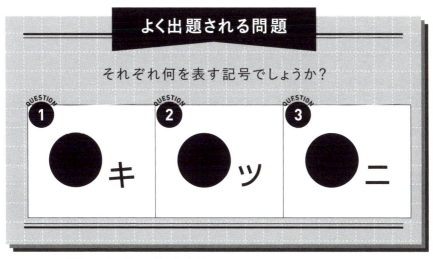

A. ①霧雨 ②雨強し ③にわか雨

他、⧌あられ ⧍ひょうなどが出る。「天気記号で曇りを表す◎は、地図記号では何を表すか?」のような複合問題も要注意。

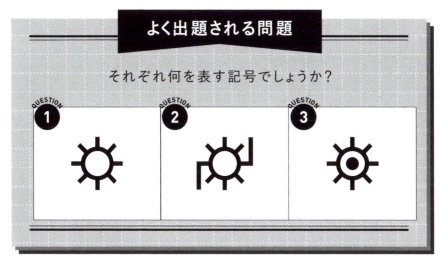

A. ①工場 ②発電所・変電所 ③灯台

その他、✧裁判所や新しく追加された⌂老人ホームや外国人向けのコンビニなどが出やすい。消防署のYや税務署の◇がもともと何を表していたのか、なども気をつけたい。

【第4章】言葉・記号

> 傾向

　よく出題されるのは、先述しましたが、天気記号と地図記号が同じ形のものです。それぞれ、何を指すかが問われやすいでしょう。そのほかにも、単純に「桑畑」「茶畑」などの地図記号が出され、「何を表しているでしょう」といった問題も出題されます。小学校で習った記号はもちろんですが、新たに設定された記号は要注意です。温泉や学校など、一目でわかるものはほぼ出題されないでしょう。特に畑や針葉樹林などの<u>あまり目にしないもの、紛らわしいものがクイズになります</u>。

　天気記号の雨や雪に関しては、にわか雨や雪なら「ニ」が付き、強ければ「ツ」が付くというように、一定の法則があります。ポイントさえ覚えていれば、すぐに攻略できるでしょう。

　とにかく記号は、覚えることが大切です。

同じカタチの天気記号、地図記号は関連づけて覚えよう。
地図記号の表す意味にも、注目しておこう。
記号は増えていくので、増えるたびにチェックが必要。
オリンピックも目前。ピクトグラムも知っておくといいよね。

CATEGORY

クイズ王を目指すなら覚えたい
元素記号・単位

元素記号は4周期までは全部覚える

　化学で一番出やすいのが元素記号です。まずは、元素の名前を覚えるところからスタートするのが一番効率的でしょう。元素に名前を残す科学者も重要です。

　99番の「アインスタイニウム」はアインシュタイン。101番の「メンデレビウム」は、周期表自体を作ったメンデレーエフですし、102番の「ノーベリウム」はノーベル賞のノーベル。**100番以降は、科学者の名前に由来する元素がよく出てきます**。また、元素は名前の由来を知ると覚えやすい。例えば34番の「セレン」は、月の女神セレナと覚えると親しみも湧きます。

　数の単位も小学校の時に少し習いましたが、改めて覚えると奥が深い。「十」「百」「千」「万」「億」「兆」「京」「垓」と更に続き、10の52乗は「恒河沙」、10の56乗「阿僧祇」、10の60乗「那由他」、10の64乗「不可思議」、10の68乗「無量大数」とまるで数字の単位というよりもお経の文言のように感じてしまいます。

　ちなみに、「恒河沙」の意味は、ガンジス河の砂。それほど多く、まさに天文学的な数字というわけです。

【第4章】言葉・記号

197

元素周期表

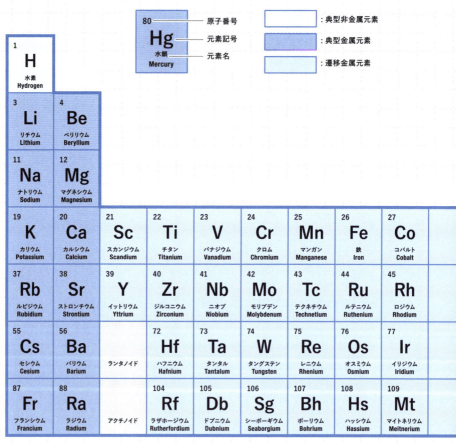

							2 **He** ヘリウム Helium
		5 **B** ホウ素 Boron	6 **C** 炭素 Carbon	7 **N** 窒素 Nitrogen	8 **O** 酸素 Oxygen	9 **F** フッ素 Fluorine	10 **Ne** ネオン Neon
		13 **Al** アルミニウム Aluminum	14 **Si** ケイ素 Silicon	15 **P** リン Phosphorus	16 **S** 硫黄 Sulfur	17 **Cl** 塩素 Chlorine	18 **Ar** アルゴン Argon
28 **Ni** ニッケル Nickel	29 **Cu** 銅 Copper	30 **Zn** 亜鉛 Zinc	31 **Ga** ガリウム Gallium	32 **Ge** ゲルマニウム Germanium	33 **As** ヒ素 Arsenic	34 **Se** セレン Selenium	35 **Br** 臭素 Bromine	36 **Kr** クリプトン Krypton
46 **Pd** パラジウム Palladium	47 **Ag** 銀 Silver	48 **Cd** カドミウム Cadmium	49 **In** インジウム Indium	50 **Sn** スズ Tin	51 **Sb** アンチモン Antimony	52 **Te** テルル Tellurium	53 **I** ヨウ素 Iodine	54 **Xe** キセノン Xenon
78 **Pt** 白金 Platinum	79 **Au** 金 Gold	80 **Hg** 水銀 Mercury	81 **Tl** タリウム Thallium	82 **Pb** 鉛 Lead	83 **Bi** ビスマス Bismuth	84 **Po** ポロニウム Polonium	85 **At** アスタチン Astatine	86 **Rn** ラドン Radon
110 **Ds** ダームスタチウム Darmstadtium	111 **Rg** レントゲニウム Roentgenium	112 **Cn** コペルニシウム Copernicium	113 **Uut** ウンウントリウム Ununtrium	114 **Fl** フレロビウム Flerovium	115 **Uup** ウンウンペンチウム Ununpentium	116 **Lv** リバモリウム Livermorium	117 **Uus** ウンウンセプチウム Ununseptium	118 **Uuo** ウンウンオクチウム Ununoctium

63 **Eu** ユウロビウム Europium	64 **Gd** ガドリニウム Gadolinium	65 **Tb** テルビウム Terbium	66 **Dy** ジスプロシウム Dysprosium	67 **Ho** ホルミウム Holmium	68 **Er** エルビウム Erbium	69 **Tm** ツリウム Thulium	70 **Yb** イッテルビウム Ytterbium	71 **Lu** ルテチウム Lutetium
95 **Am** アメリシウム Americium	96 **Cm** キュリウム Curium	97 **Bk** バークリウム Berkelium	98 **Cf** カリホルニウム Californium	99 **Es** アインスタイニウム Einsteinium	100 **Fm** フェルミウム Fermium	101 **Md** メンデレビウム Mendelevium	102 **No** ノーベリウム Nobelium	103 **Lr** ローレンシウム Lawrencium

【第4章】 言葉・記号

【正数の単位】

一	十	百	千	万	億	兆	京
垓 (がい)	秭 (じょ)	穣 (じょう)	溝 (こう)	澗 (かん)	正 (せい)	載 (さい)	極 (ごく)
恒河沙 (ごうがしゃ)		阿僧祇 (あそうぎ)		那由他 (なゆた)		不可思議 (ふかしぎ)	無量大数 (むりょうたいすう)

【少数の単位】

一	分	厘	毛	糸 (し)	忽 (こつ)	微 (び)	繊 (せん)
沙 (しゃ)	塵 (じん)	埃 (あい)	渺 (びょう)	漠 (ばく)	模糊 (もこ)	逡巡 (しゅんじゅん)	須臾 (しゅゆ)
瞬息 (しゅんそく)	弾指 (だんし)	刹那 (せつな)	六徳 (りっとく)	虚空 (こくう)	清浄 (しょうじょう)	阿頼耶 (あらや)	阿摩羅 (あまら)
涅槃寂静 (ねはんじゃくじょう)							

【データ容量などの単位】

deca (デカ)	hecto (ヘクト)	kilo (キロ) $=10^3$	mega (メガ) $=10^6$	giga (ギガ) $=10^9$
tera (テラ) $=10^{12}$	peta (ペタ) $=10^{15}$	exa (エクサ) $=10^{18}$	zetta (ゼタ) $=10^{21}$	yotta (ヨタ) $=10^{24}$

deci (デシ)	centi (センチ)	milli (ミリ) $=10^{-3}$	micro (マイクロ) $=10^{-6}$	nano (ナノ) $=10^{-9}$
pico (ピコ) $=10^{-12}$	femto (フェムト) $=10^{-15}$	atto (アト) $=10^{-18}$	zepto (ゼプト) $=10^{-21}$	yocto (ヨクト) $=10^{-24}$

> 傾向

　クイズ王になるためには、元素記号は全部覚えてしまいましょう。周期表もクイズ王を目指すなら全部覚えてほしいところですが、最低4周期までは覚えておきたいところです。

　また、科学者の名前に由来する元素は問題になりやすいため、要チェック。覚え方そのものが、出題されることもあります。

　なお、単位の出題は、数字だけとは限りません。

　コンピュータの単位などで使われる「キロ」や「メガ」。ギガ、テラまではいいとして、その先を知っているでしょうか？　実は10^{24}の「ヨタ」まで続きます。

　こういった日常の知識の延長線上にある事項はクイズでも頻出です。ぜひ押さえたいですね。

水上ポイント

元素記号はすべて覚えておこう。
科学者の名前に由来する元素記号はよく出題されるよ。
周期表もクイズ王を目指すなら、ぜひ覚えてね。
数の単位は、意味も覚えられるとベスト！

MIZUKAMINOTE

第5章
雑学・その他

TRIVIA, etc.

【 CATEGORY 】

効果・現象
政令指定都市・
世界の人口・面積
日本一・三大〇〇
有名な賞
国民栄誉賞
書き出し・一節

> クイズの醍醐味は、やはり雑学。日本一のものは必ず覚えたいね！

【第5章】雑学・その他

CATEGORY

身近で「あるある」の
効果・現象

身近にある現象には、それらしい名前がある

　スプーンを流れる水に近づけるとスプーンの凸のほうに水が曲がる現象があります。誰もが、一度は見たことがあるのではないでしょうか。これをコアンダー効果といいます。また水よりもお湯の方が早く凍ることがあるという効果があり、それはムペンバ効果という名がついています。僕たちのまわりでは、日常的にある光景の中に、様々な効果や現象が渦巻いているのです。このような身近なものは最もクイズにしやすいと先述しましたよね。

　出題傾向としては、現象を動画や言葉で説明し、その名前を答えるといったものです。理由については、かなり専門的な知識が必要になったりするので、ほとんど問われることはないでしょう。

　熱したフライパンに水をぽっと垂らすと蒸発することなく、ぽろぽろっとフライパンの上を転がる現象はライデンフロスト現象といい、科学的に解明されていますが、本屋に長時間いると、トイレに行きたくなるという青木まりこ現象といわれるものがありますが、これは科学的に原因は解明されていません。このような現象や効果でも、面白いものは出題されます。

　まずは自分の身近で起こる現象から探してみると面白いかもしれませんね。

よく出題される問題

QUESTION 1
人の名前などがもう少しで思い出せそうなのに思い出せない、これを「何現象」という?

QUESTION 2
ダチョウ倶楽部の「押すなよ!」のように、禁止されるとかえってやりたくなる現象を「何効果」という?

QUESTION 3
本屋さんに入ると急に便意をもよおす現象を雑誌に投稿した人の名前から「何現象」という?

QUESTION 4
人の鼻が2〜3時間ごとに片方ずつ鼻づまりを起こすサイクルを何という?

QUESTION 5
水に砂糖を溶かしたとき、溶けた部分がもやもやする現象を「何現象」という?

QUESTION 6
「1kgの鉄」と「1kgの綿」だったら鉄のほうが重く聞こえる現象を「何現象」という?

A. ①TOT現象 ②カリギュラ効果 ③青木まりこ現象 ④ネーザルサイクル
⑤シュリーレン現象 ⑥シャルパンティエ効果

【第5章】雑学・その他

205

必ず覚えたい効果・現象 1

TOT現象

喉元まで出かかっているのに、あと一歩で思い出せない、思い出せそうで思い出せない状態をあらわす心理学用語。年を重ねるにつれ多くなるという人が多い。TOTとは "Tip of the tongue" の略。舌先現象ともいう。

必ず覚えたい効果・現象 2

カリギュラ効果

禁止されるほどやりたくなるという心理現象。例えば、「絶対に見てはいけない」と禁止されると、むしろ非常に見たくなる、まさにこの現象である。映画『カリギュラ』の内容があまりに過激なため、アメリカの一部の地域で公開禁止になったが、それが大きな話題となった。これが語源である。

必ず覚えたい効果・現象 3

青木まりこ現象

書店に足を運んだ際に、長時間店内に入ると突然、便意がこみ上げてくるという。青木まりこという女性が、1985年にある雑誌に投書したことからこのような現象名になった。学者たちが考察をして入るが、未だ科学的解明には至っていない。

必ず覚えたい効果・現象 4

ネーザルサイクル

鼻づまりを起こす鼻の穴が2、3時間ごとに交代する生理現象。どちらかの鼻づまりが治れば、もう片方の穴で鼻づまりが起こるのは人間の正常な生理反応。「交代性鼻閉」または「鼻サイクル」ともいう。

必ず覚えたい効果・現象 5

シュリーレン現象

冷たいアイスティーに透明のシロップを入れたとき、溶けた部分がもやもやして見える現象や、暑い日に道路の表面がもやもやして見える現象のこと。この現象を利用した流体の光学的観測法をシュリーレン法という。シュリーレンの語源は、ドイツ語の「Schliere（むら）」。

必ず覚えたい効果・現象 6

シャルパンティエ効果

同じ重量の物体を比較したとき、大きく見える物をより軽く、小さく見える物の方をより重いと錯覚してしまう現象。同じ、質量のものでは、体積が小さいほど、重く見えるという効果がある。例えば、同じ重さの鉛と発泡スチロールがあれば、大きく見える発泡スチロールよりも重いイメージで小さく見える鉛の方が重く見える。

【第5章】 雑学・その他

📖 アイスクリーム頭痛

冷たいものを一気に食べたとき、後頭部などにキーンとした痛みが出る現象。これは正式な医学用語で、予防法は、一気に食べずに、ゆっくりと時間をかけて食べること。ある研究で、アイスクリームを一気に食べたときとゆっくり食べたときを比べると、一気に食べた時の方が頭痛の発生する確率が2倍以上高かったとの結果がでた。

📖 イヤーワーム

音楽が頭にこびりついて離れないこと。歌または音楽の一部分が心の中で反復される現象をいう。ディラン効果とほぼ同じ意味。

📖 ウィンブルドン現象

経済用語。市場経済で、自由競争によって参入してきた外資系企業に国内企業が淘汰されたり買収されたりすること。もともとイギリスの地元アマチュア選手を対象にしていたウィンブルドンテニス大会で世界中から強豪選手が参加するようになった結果、地元イギリスの優勝者が出ていないことから名づけられた。

📖 エメットの法則

「仕事を先延ばしにすることは、片付けることよりも倍の時間とエネルギーを要する」というリタ・エメット氏によって提唱された法則。先延ばしにしたものに手をつけようとすると、その時に再度、頭の中に情報を入れなければならない。頭の中にあるうちに取り掛かれば、無駄な時間とエネルギーはかからない。

📖 プラシーボ効果

薬としての効果がない物でも薬だと信じ込むことにより、病状に改善が見られること。治験では、薬の効果を科学的に証明しなければならないため、場合によってプラセボ（偽薬）を服用させることがあるらしい。

📖 コリジョンコース現象

見通しの良い田園地帯など本来なら事故が起きない場所であるにもかかわらず、お互いが相手を認識できずに衝突事故が起きる現象を指す。「コリジョン」は衝突、「コース」は進路の意味。

📖 サンドウィッチ症候群

上司と部下の板ばさみ状態にある中間管理職の精神状態のこと。互いを考えすぎて身動きがとれなくなり、ストレスから心身に不調をきたす状態。管理職症候群、マネージャー・シンドロームなどとも言われる。

📖 シミュラクラ現象

見た目が人間とかけ離れていても、逆三角形に並んだ3つの点が、人の顔のように見える現象。心霊写真の説明などによく用いられる。これは、人は普段から、新しいものを見ても、自分の知っているものを思い浮かべてしまうパレイドリア現象の1つとされている。

📖 ストライサンド効果

一度ウェブ上で公開されたスキャンダルや企業の不祥事を隠そうとしたり削除しようとすると、かえってその情報は急速に拡散されると

【第5章】 雑学・その他

いう現象。アメリカの歌手、バーブラ・ストライサンドが、自宅の空撮写真をインターネット上から排除しようとして裁判を起こしたところ、逆に大きな注目を浴び、さらに多くの写真がネット上に拡散したことに由来する。

ヤーキーズ・ドットソンの法則

適度なストレスがあると注意力が高まり、最高のパフォーマンスが発揮できるが、ストレスが高すぎるとパフォーマンスが落ちていくという法則。法則名は、心理学者のロバート・ヤーキーズとJ.D.ドットソンの名前から。

リンゲルマン効果

集団で共同作業を行う場合、一人当たりの作業効率が人数の増加に比例して低下する現象。神輿を担ぐときなど、人が増えれば増えるほど、手を抜きやすくなるだろう。1913年に、農学者リンゲルマンが綱引きでの牽引力を測定する実験を行うと、人数が増えるごとに綱を引いた時の力が減少する結果がでた。社会的手抜き効果やフリーライダー現象ともいう。

クロワッサン症候群

人生の選択として結婚を選ばず、結婚や出産適齢期を越えた年齢になった女性が、自分のライフスタイルにも自信がもてなくなり焦りや不安、絶望を感じている心理的葛藤を表す言葉。1988年に刊行された松原惇子の『クロワッサン症候群』から。

ライデンフロスト現象

その液体の沸点よりはるかに高温で熱した金属板などに液体を垂らすと、蒸発膜ができ、液体が蒸発しないこと。熱したフライパンに水滴を垂らすとコロコロと動き回る様をいう。現象名は、ヨハン・ライデンフロストの名に由来する。

ラチェット効果

景気が悪くなったとしても、貯蓄を切り崩してでも、これまでの生活水準は守ろうとすること。ラチェットとは、一方方向にしか回らない歯止めの意味で、一度上がった生活水準は下げにくいことを表す。

ハイドロプレーニング現象

自動車が水溜まりなどを走っている際に、タイヤと路面の間に水が入り込み、車が水の上を滑るようになりハンドルやブレーキが利かなくなる現象。自動車学校で習い、アクアプレーニング現象ともいう。

バタフライ効果

ほんの些細なことが様々な要因を引き起こし、だんだんと大きな現象へと変化すること。言葉の由来は、気象学者エドワード・ローレンツの講演のタイトル『ブラジルでの蝶の羽ばたきはテキサスでトルネードを引き起こすか』から来ている。小さな嘘をつくと、大きな嘘になるというケースは、バタフライ効果が影響していると言える。些細な嘘をついたために、話がどんどん大きくなり、最終的には大きな嘘となり、大切なものを失うことになる。日常的に用いられる効果だ。

【第5章】雑学・その他

> 傾向

　最近聞いた音楽が頭の中で流れ続けるのを、イヤーワームやディラン効果と言ったりします。ある漫画家が、「ボブ・ディランの曲がずっと頭の中に流れてるんですけど……」と言ったのが由来らしいのですが、このようによくあることで、ユニークな由来があるものは要チェックです。

　また、言葉を聞けばわかりやすい「アイスクリーム頭痛」「モンロー現象」なども出ますが、「シャルパンティエ効果」「ネーザルサイクル」のように答えに馴染みがなくても、その内容を聞くと「あるある」とうなずけるようなものは出題されやすいでしょう。

　日常的に、気づいたら、その呼び名を探してみるのもいいと思いますが、まずはここに掲載しているものはすべて覚えたいところです。

水上ポイント

よく見聞きする現象や効果はとてもよく出るよ。
自分自身でもいつか体験した時に、これに名前があったんだという面白さを見つけると楽しく覚えられるね。
現象の名前よりもその内容から読んでみよう。

CATEGORY

クイズの基本
政令指定都市・
世界の人口・面積

ランキングと"世界一○○○な国"を要チェック

　地理のクイズ問題は、ランキングが重要です。

　日本は世界の中で、人口では11位。面積だと61位ですが、人口についても面積についても、上位10位ぐらいはすぐ言えるようにしましょう。トップ5を間違えるともう大変。クイズ王とは言えないレベルです。

　それに加えて、出題される頻度が高いキーワードが、「世界一○○○な国」。このキーワードだけで、正月特番が作られるほどのキラーコンテンツなので、折に触れてチェックしておくことが大切です。例えば、「世界一大きな島」は、グリーンランド。第2位がニューギニア島。第3位がボルネオ島。第4位がマダガスカル島。このランキングで、日本の本州が第7位に入ってくるところが、面白いところです。世界の中で日本が何位にいるのか、常に意識してください。

　日本の面積は世界で61番目ですが、**日本より大きいか小さいかを理解することでいろんな問題を解くヒントになります**。

　日本とヨーロッパの国々の面積を比較した場合。ドイツが日本より多少小さいことを知っていれば、ドイツを物差しにしてヨーロッパの国々と比較することもできます。

【第5章】雑学・その他

213

日本の政令指定都市

札幌市　　人口195万人。昭和47年4月1日に政令指定都市になる。

仙台市　　人口108万人。平成元年4月1日に政令指定都市になる。

さいたま市　人口126万人。平成15年4月1日に政令指定都市になる。

千葉市　　人口97万人。平成4年4月1日に政令指定都市になる。

横浜市　　人口372万人。昭和31年9月1日に政令指定都市になる。

川崎市　　人口148万人。昭和47年4月1日に政令指定都市になる。

相模原市　人口72万人。平成22年4月1日に政令指定都市になる。

新潟市　　人口81万人。平成19年4月1日に政令指定都市になる。

静岡市　　人口70万人。平成17年4月1日に政令指定都市になる。

浜松市　　人口80万人。平成19年4月1日に政令指定都市になる。

名古屋市　人口230万人。昭和31年9月1日に政令指定都市になる。

京都市　　人口148万人。昭和31年9月1日に政令指定都市になる。

大阪市　　人口270万人。昭和31年9月1日に政令指定都市になる。

堺市　　　人口84万人。平成18年4月1日に政令指定都市になる。

神戸市　　人口154万人。昭和31年9月1日に政令指定都市になる。

岡山市　　人口72万人。平成21年4月1日に政令指定都市になる。

広島市　　人口120万人。昭和55年4月1日に政令指定都市になる。

福岡市　　人口154万人。昭和47年9月1日に政令指定都市になる。

北九州市　人口96万人。昭和38年4月1日に政令指定都市になる。

熊本市　　人口74万人。平成24年4月1日に政令指定都市になる。

（※平成28年10月26日現在　総務省データより）

【人口が多い国】

1	中国
2	インド
3	アメリカ
4	インドネシア
5	ブラジル
6	パキスタン
7	ナイジェリア
8	バングラデシュ
9	ロシア
10	メキシコ
11	日本

【面積が広い国】

1	ロシア
2	カナダ
3	アメリカ合衆国
4	中華人民共和国
5	ブラジル
6	オーストラリア
7	インド
8	アルゼンチン
9	カザフスタン
10	アルジェリア
61	日本

【世界で大きな島ベスト6】

1	グリーンランド／デンマーク自治領
2	ニューギニア島／インドネシア
3	ボルネオ島／インドネシア
4	マダガスカル島／マダガスカル
5	バフィン島／カナダ
6	スマトラ島／インドネシア

> **傾向**

　海外の都市は、やはり旅行好きが有利です。観光名所や祭り、絶景スポットや有名な建物の問題は欠かせません。また、ロンドンのブラックキャブやタイのトゥクトゥク、謎の落書きをされたポルトガルの電車など乗り物もチェックが必要です。

　さらにこの手の**クイズは、写真や動画で出題されるケースも多く、土地勘を必要とされます**。例えばトリップアドバイザーなどの観光サイトや、その土地の観光スポットをまとめた動画などを見て勉強するのがオススメです。

　ランキング問題は、闇雲に覚えても覚えきれるものではありません。常に日本の人口や面積などの数字を基準にして覚えていくと、理解しやすくなります。また出題されるクイズ問題も、日本を軸に考えています。そのあたり、制作サイドの意図を読み取ることも大切です。

> 地理の問題は、ランキングが重要。「世界一〇〇〇の国」は必ずチェックしておくといいよ。
> 常に日本を基準に世界と比べてみよう。
> 写真や動画のクイズ問題は、観光スポットの動画をチェック。

CATEGORY

意外なものや場所なのに
日本一・三大〇〇

気候や歴史、消費地などから推測する

うどんの消費量1位（香川県）は、当たり前すぎてクイズでは問われません。その点、「カレーの一人当たりの消費量1位は何県でしょう?」といった、マイナーな情報はクイズになります。答えは鳥取県。「養殖のウナギの生産量は?」といった問題は、ウナギといえば、静岡県というイメージが強いので、出題されます。なぜなら答えは鹿児島だからです。

お米の生産地もよく出ます。お米といえば、新潟県というイメージが強いのですが、土地の広い北海道が1位の年もあるからです。1位、2位が拮抗しているものは、1位が入れ替わった時に出題されやすい。餃子なども1位が、よく入れ替わります。

桃も、桃太郎のイメージからか、生産量1位は岡山県だと思っている人が多いのですが、実は山梨県。それだけではなく2位が福島県、3位が長野県で岡山県はその下です。

農産物は、土地の気候から予測したり、商品の生産量は、「漢方薬は、ツムラがある茨城県」「埼玉県は、布団の西川」など老舗企業がどこにあるか、昔からどの地域の産業だったのかなど、歴史的背景などから推測することができます。その時代時代の文化を勉強するとわかりやすいと思います。

よく出題される問題

QUESTION 1
「養殖ウナギ」の生産量日本一の県は何県?

QUESTION 2
「スイカ」の生産量日本一の県は何県?

QUESTION 3
「みかん」の生産量日本一の県は何県?

QUESTION 4
「筆」の生産量日本一の県は何県?

QUESTION 5
「鍵」の生産量日本一の県は何県?

QUESTION 6
「包丁」の生産量日本一の県は何県?

A. ①鹿児島県 ②熊本県 ③和歌山県 ④広島県 ⑤三重県 ⑥岐阜県

【第5章】 雑学・その他

219

> 必ず覚えたい日本一 1

養殖ウナギ／鹿児島県

　鰻といえば、浜名湖がある愛知県のイメージが強い人が多いと思うが、鹿児島県が1位、2位が愛知県、3位が宮崎県、4位が静岡県となる。この辺りは毎年不動。昔は静岡県が1位だったが、1960年頃のシラス大不漁から、養殖地域が移り変わり九州地方で盛んになったという。

> 必ず覚えたい日本一 2

スイカ／熊本県

　熊本県に次いで2位千葉県、3位は山形県。全国のスイカの生産量と作付け面積は減少しているが、10アールあたりの収穫量は増加しししている。熊本と山形を見てもらってもわかるように、気候の違いは技術で農業カバーできている。熊本県は、スイカの他にトマトの生産量が日本一。赤野菜の生産が盛んで、「火の国」の異名に恥じない。

> 必ず覚えたい日本一 3

みかん／和歌山県

　みかんというと、和歌山県と愛媛県が印象強いだろう。入れ替わることもあり、チェックが必要だ。特に愛媛県のポンジュース（みかんジュース）は全国的に有名なため、間違えやすい。さらに静岡県もベスト3の常連。和歌山県は、生産量だけではなく、産出額でも3年連続1位（2019年度資料）。生産地のほとんどが東京よりも西方面。

必ず覚えたい日本一 4

筆／広島県

筆の生産量ナンバー1は、広島県。馬やヤギ、たぬき、鹿などの毛を織り交ぜて作られる。熊野町で作られる熊野筆がハリウッド女優たちのメイク道具として一躍脚光を浴びた。化粧用の筆は熊野がシェアの8割を占めているという。愛知県の豊橋筆、奈良県の奈良筆、広島県の川尻筆を合わせ日本4大産地といわれる。

必ず覚えたい日本一 5

鍵／三重県

鍵の生産量1位は、三重県。その理由は、国内シェアの半分を占める鍵の会社「美和ロック」の4つの工場のうち、2つが三重県（その他は神奈川県と岩手県）にあるからだ。このように工場の場所を知れば、生産地もわかる。ちなみに液晶パネルも国内シェアの半分以上を占め1位にランクイン。

必ず覚えたい日本一 6

包丁／岐阜県

1位の岐阜県の関市では、鎌倉時代に刀鍛冶が誕生した。その後職人が集まり、室町時代には300人以上の刀匠がいたという。この歴史をつなぐように今でも関市の包丁出荷額は全国シェアの約半分。戦国時代、名刀の産地として繁栄した場所が、時代が変われば、料理包丁の産地になっている。歴史から見ると生産量も見えてくる一つの例だ。

【第5章】 雑学・その他

【その他の日本一】 ※年によって変わっていることがあります

北海道	新聞・かまぼこ
青森県	ストッキング・ニンニク・ゴボウ・りんご・イカ
岩手県	漆器・松茸・ワサビ
宮城県	硯・フカヒレ・こけし
秋田県	小中学校の学力・じゅんさい
山形県	スリッパ・西洋梨・ワラビ
福島県	桐材生産量
茨城県	メロン・はくさい・ピーマン・栗・蓮根
栃木県	かんぴょう
群馬県	ボールペン・キャベツ・モロヘイヤ
埼玉県	布団
千葉県	スナップボタン・マッシュルーム・日本梨
東京都	革靴
神奈川県	ワインの生産量・ハンカチ
新潟県	ナイフ・フォーク・スプーン
富山県	ファスナー
石川県	金箔・天然ふぐ
福井県	眼鏡
山梨県	ウイスキー・ぶどう
長野県	ギター・レタス・まつたけ
岐阜県	陶磁器・換気扇・バイオリン・ダンボール・食品サンプル
静岡県	ピアノ
愛知県	ウール・イチジク
三重県	真珠・自動販売機

滋賀県	凸版印刷物・コンベア・かるた
京都府	金銀糸
大阪府	つまようじ
兵庫県	日本酒・そろばん
奈良県	靴下
和歌山県	梅・柿
鳥取県	書道用紙・ラッキョウ・カレー
島根県	ノートパソコン
岡山県	ジーンズ・マスカット
広島県	レモン・牡蠣・お好み焼き店数
山口県	白色大理石
徳島県	LED・すだち・瓜・椎茸
香川県	手袋・タオル
愛媛県	伊予柑・キウィ
高知県	ショウガ・ナス・ニラ
福岡県	箪笥・唐辛子
佐賀県	のり
長崎県	船・枇杷
熊本県	デコポン
大分県	カボス
宮崎県	きゅうり
鹿児島県	オクラ・ライチ
沖縄県	アセロラ・バナナ・マンゴー

【第5章】雑学・その他

> 必ず覚えたい三大〇〇 1

日本三名園　偕楽園、兼六園、後楽園

　水戸市の偕楽園、金沢市の兼六園、岡山市の後楽園。この三園の選定理由として、いわゆる雪月花の雪に兼六園、月に後楽園、花に偕楽園を対応させたものであろうとする説がある。ただし、三園ともに江戸時代に造営された池泉回遊式の大名庭園であり、この「日本三名園」には日本庭園における他の形式である枯山水や露地（茶庭）など、池泉回遊式以外の形式のものは含まれていない。

> 必ず覚えたい三大〇〇 2

日本三大鍾乳洞　秋芳洞、龍泉洞、龍河洞

　日本三大鍾乳洞は、山口県の秋芳洞、岩手県の龍泉洞、高知県の龍河洞。総延長約10km（うち観光コースは1km）の秋芳洞は美祢市にあり、日本の地質百選や国の特別天然記念物に指定されている。総延長約3.6Kmの龍泉洞の地底湖の深さは120m。透明度は41.5mで日本一の透明度を誇る国の天然記念物。龍河洞は、総延長約4kmで約1kmを公開している国の天然記念物・史跡。

> 必ず覚えたい三大〇〇 3

世界三大瀑布　ナイアガラの滝、イグアスの滝、ヴィクトリアの滝

　北アメリカ大陸のアメリカ合衆国とカナダにまたがるナイアガラの滝、南アメリカ大陸のアルゼンチンとブラジルにまたがるイグアスの滝、アフリカ大陸のジンバブエとザンビアにまたがるヴィクトリアの滝を合わ

せて世界三大瀑布と呼ぶ。2国間にまたがっている国名がクイズに出やすい。

> 必ず覚えたい三大〇〇 4

京都三大祭り　葵祭、祇園祭、時代祭

　京都で行われる葵祭、祇園祭、時代祭の3つを合わせて、京都三大祭りという。葵祭は、約1400年前から行われている三大祭りの中で最も古い歴史を持つ。日本三大祭りの一つにもあげられる祇園祭は、1か月間かけて八坂神社で行われる京都最大の祭り。時代祭は、京都が生まれた10月22日に行われる。

> 必ず覚えたい三大〇〇 5

四大奇書　三国志演義、水滸伝、西遊記、金瓶梅

　三大〇〇ではないが、必ず覚えたい四大奇書。『三国志演義』『水滸伝』『西遊記』『金瓶梅』の4作品だが、『三国志演義』『西遊記』の2作はアニメや漫画にもなっているので馴染みがあるだろう。元から明の時代にかけて書かれた中国の小説。

> 必ず覚えたい三大〇〇 6

世界三大悪妻　クサンティッペ、コンスタンツェ、アンドレエヴナ

　歴史上、最も悪妻といわれる女性を3人あげ、「世界三大悪妻」という。1人目は古代ギリシアの哲学者、ソクラテスの妻クサンティッペ。2人目はウィーンの古典派音楽を代表するモーツァルトの妻コンス

【第5章】雑学・その他

タンツェ。3人目は、ロシアの小説家、トルストイの妻のソフィア・アンドレエヴナだ。ただその悪妻ぶりが事細かに書かれている書物もなく真実かどうかはわからない。

📖 日本三大名瀑　　那智の滝、華厳の滝、奥久慈

　熊野の那智の滝、日光の華厳の滝、奥久慈の袋田の滝を合わせて日本三大名瀑という。和歌山県の那智の滝は落差133m、幅13mで、一段の滝としては日本一の落差があり、世界遺産に登録されている。栃木県の華厳の滝は落差97m、幅7m。奈良時代に発見されたという。茨城県の袋田の滝の落差は120m、幅73mと幅が広い。約1500万年前の火山噴出物の末端の断崖だと言われている。

📖 日本三名泉　　有馬温泉、草津温泉、下呂温泉

　兵庫の有馬温泉、群馬の草津温泉、岐阜の下呂温泉を合わせて日本三名泉という。江戸時代の温泉番付では、西の大関（当時の最高位）に〝摂津有馬〟と書かれている。東の大関は、「湯畑」が印象的な草津温泉。下呂温泉に関しては、飛騨山脈の間を流れる飛騨川付近に広がった温泉街。室町時代の京都五山相国寺の詩僧・万里集九の詩文集に3つの温泉が掲載され、そこから次世代へと伝わっていった。

📖 日本三景　　松島、天橋立、厳島

　宮城県の松島、京都府の天橋立、広島県の厳島を合わせて日本三景という。日本三景は、すでに江戸初期に、全国を行脚した儒学者、林春斎が書物に書き広まった。松島と天橋立に関しては、すでに平安時代には、京都の貴族たち周知された名勝地だった。

📖 日本三大秘境　　祖谷、椎葉村、白川郷

　徳島県の祖谷、宮崎県の椎葉村、岐阜県の白川郷を合わせて日本三大秘境という。祖谷には、約20kmに渡って続く渓谷があり、戦いで敗れた平家が再興を願って住んでいたという伝説がある。源氏の侵入を防ぐために作ったとされる「祖谷のかずら橋」が有名。標高1,000m以上の山々に囲まれた椎葉村には、人が住める地域は全体の4%しかない。今でも昔ながらの文化のが色濃く残る地。日本有数の豪雪地帯の白川郷は、観光地としても有名。「白川郷・五箇山の合掌造り集落」として世界遺産にも登録されている。

📖 日本三大巨桜　　三春滝桜、山高神代桜、根尾谷薄墨桜

　福島県の三春滝桜・山梨県の山高神代桜・岐阜県の根尾谷薄墨桜の3つの巨木を合わせ日本三大巨桜という。またこれに、埼玉県の石戸蒲桜、静岡県の狩宿の下馬桜2つを加え、日本五大桜ともいわれている。山高神代桜は根元が11.8mもあるエドヒガンザクラで、樹齢2,000年。日本最古の桜。

📖 日本三大紅葉名所　　嵐山エリア、日光エリア、耶馬渓

　京都の嵐山エリア、栃木の日光エリア、大分の耶馬渓を合わせて日本三大紅葉名所。嵐山エリアでは、鹿王院や渡月橋、嵯峨野トロッコ列車など四季を問わず海外からの観光客も多いが、秋はまた一段と増える。日光いろは坂や中禅寺湖周辺など紅葉名所が多い栃木の日光エリア。耶馬渓では本耶馬渓、深耶馬渓、奥耶馬渓、裏耶馬渓など大変広いエリア紅葉が楽しめる。

【第5章】雑学・その他

📖 日本三大酒どころ　　灘、伏見、西条

　兵庫県の「灘」、京都府の「伏見」、広島県の「西条」が日本三大酒処といわれている。山田錦の生産量全国1位の「灘」は、六甲山から流れる宮水を使用。「伏見」の酒造りは稲作がはじまった弥生時代からと言われている歴史深いお酒の名産地。灘の切れ味のあるお酒に比べて、伏見のお酒は口当たりが良いことから「灘の男酒、伏見の女酒」と言われる。「西条」は、吟醸酒の産みの親、三浦仙三郎が生まれた場所で、駅の近くには多くの酒蔵が並んでいる。毎年10月に西条酒蔵通り酒祭りが開催されている。

📖 日本三大祭り　　祇園祭、天神祭、神田祭

　京都の祇園祭、大阪の天神祭、東京の神田祭を合わせて日本三大祭りという。1000年以上の歴史がある天神祭では、100隻余りの船渡御と3000発以上の奉納花火が有名。毎年130万人以上の観客が訪れる。2年に1度開催される、下町の祭、神田祭。数千人の大行列が神輿を担ぎ神田明神向かう。神主達も、平安時代の衣装をまとった姿で神田周辺を巡る。祇園祭は、京都三大祭りを参照。

📖 日本三大渓谷　　清津峡、黒部峡谷、大杉谷

　新潟県の清津峡、富山県の黒部峡谷、三重県の大杉谷を合わせて日本三代渓谷と呼ぶ。1600万年前の海底火山から生まれたと言われる清津峡。江戸時代から温泉場がある。黒部峡谷では、峡谷を走る黒部峡谷鉄道のトロッコ電車が有名。昭和11年、大杉谷に登山コースがつくられ、現在も使えるが、大杉谷自体、秘境と呼ばれ原生林を堪能できる。

📖 世界三大がっかり　マーライオン、人魚姫像、小便小僧

　シンガポールのマーライオン、デンマークコペンハーゲンの人魚姫像、ベルギーブリュッセルの小便小僧を合わせて世界三大がっかりという。マーライオンは、以前は後ろ姿しか見れなかったため、満足度が低かったが、最近では移転し正面からも見られるようになり満足度は上がったとのこと。小便小僧は小さな姿で広場の一角にあるだけ。人魚姫像は時間をかけて行った割には大したことがなかったとの声が多い。この三代がっかりは、あくまで俗的な話。

📖 世界三大劇場　スカラ座、オペラ座、コロン劇場

　イタリア、ミラノのスカラ座、フランス、パリのオペラ座、アルゼンチン、ブエノスアイレスのコロン劇場を合わせて世界三大劇場という。実は、現在のスカラ座は、2代目で初代劇場は、1776年に焼失した。オペラ座は、バレエ専門の国立劇場で、1669年、ルイ14世が創設した王立音楽舞踊アカデミーが起源になっている。コロン劇場はブエノスアイレスの中心にあり、1880年代、移民が増加したことを機に、新設された。

📖 世界三大喜劇王　チャップリン、ロイド、キートン

　チャールズ・チャップリン、ハロルド・ロイド、バスター・キートンの3人を世界三大喜劇王という。

　「黄金狂時代」「独裁者」「モダン・タイムス」など代表作を持つチャールズ・チャップリンは、ロンドン出身だが、ハリウッドで活躍し「喜劇王」と呼ばれていた。日本好きでマネージャーは日本人だった。1920年代をサイレント映画の大スターとして活躍したハロルド・ロイドは、アメリカのコメディアン。丸ぶち眼鏡がトレードマークで、「ロイド

【第5章】　雑学・その他

眼鏡」という名前は彼の名前から取られている。アメリカの喜劇俳優のバスター・キートンは、「笑わない喜劇王」「偉大なる石の顔」といわれるように、無表情で体をはったアクションやナンセンスなギャグが特徴。

📖 世界三大国際映画祭　ベネチア、カンヌ、ベルリン

ベネチア国際映画祭、カンヌ国際映画祭、ベルリン国際映画祭の3つを合わせて世界三大映画祭という。

3つの中でも唯一、大都市で行われるベルリン国際映画祭は、規模も非常に大きい。最高賞は金熊賞。

カンヌ国際映画祭は、開催中、メイン会場以外の各映画館でも出品作品が上映される。もともとファシズムに対抗するためにフランス政府からの援助を受けて始まったので、第1回開催は終戦後の1946年。最高賞はパルムドール。

ベネチア国際映画祭は、歴史上最も古い国際映画祭。もともと国際美術展の映画部門として誕生したため、芸術性の高い作品が集まるという。最高賞は金獅子賞。

📖 世界三大聖堂
ピエトロ大聖堂、セント・ポール大聖堂、セビーリャ大聖堂

バチカン市国のサン・ピエトロ大聖堂、イギリスのセント・ポール大聖堂、スペインのセビーリャ大聖堂を合わせて世界三大聖堂と呼ぶ。カトリック教会の総本山のサン・ピエトロ大聖堂は、キリストの第一の弟子、ペテロの墓所があった場所に建てられたので、サン・ピエトロ大聖堂と呼ばれている。ミケランジェロの彫刻「ピエタ」がある。

セント・ポール大聖堂は、イングランド国教会ロンドン教区の主教座

聖堂。1981年、チャールズ皇太子と故ダイアナ妃が、結婚式を挙げた協会。1401年から約100年かけて建てられたセビーリャ大聖堂は、スペイン最大の規模を誇る聖堂。聖母マリアとキリストの生涯を描いた木製祭壇や、コロンブスの墓などがある。

📖 世界三大聖人　キリスト、孔子、釈迦

キリスト教の創始者のイエス・キリスト、春秋時代の中国の思想家である孔子、仏教の開祖、釈迦の3人を合わせて、世界三大聖人という。イエス・キリストとは、ギリシャ語で「イエスはキリストである」という意味。またマホメットを足して四聖人と言われることがある。

📖 世界三大オーケストラ
ベルリン・フィルハーモニー管弦楽団、ウィーン・フィルハーモニー管弦楽団、ロイヤル・コンセルトヘボウ管弦楽団

1882年に自主運営楽団として創立したドイツのベルリン・フィルハーモニー管弦楽団、1841年、オットー・ニコライが帝国王立宮廷歌劇場の楽長に任命されたことを機に誕生したオーストリアのウィーン・フィルハーモニー管弦楽団、1888年創立されたオランダのロイヤル・コンセルトヘボウ管弦楽団を合わせて世界三大オーケストラという。

📖 世界三大雪まつり
雪まつり、ケベック・ウィンターカーニバル、さっぽろ雪まつり

北海道のさっぽろ雪まつり、カナダのケベック・ウィンターカーニバル、中国のハルビン氷祭りを合わせて、世界三大雪まつりという。言わずと知れたさっぽろ雪まつりは、毎年2月上旬に大通り公園を中心に、札幌一の繁華街、ススキノ会場やツードーム会場などいろいろなとこ

【第5章】雑学・その他

ろで行われている。その歴史は1950年、中高校生がつくった6つの雪の像から始まった。今では毎年250万人前後の来場客がいる。ハルビン氷祭りは、ハルビン市の河川敷でダイナミックな氷の彫刻が立ち並ぶ。3つの中では一番スケールが大きいという。ケベック・ウィンターカーニバルは、毎年1月に氷点下の中、行われる。規模は一番小さいが1894年に初開催と歴史は一番長い。赤い帽子をかぶったボノムというマスコットが愛されている。

> **傾向**

地元の人は知っているけれど、私たちは知らない日本で1位のものが一番出題されやすいでしょう。

さらにはみかんの生産量日本一は出がちです。なぜかといえば、1位が入れ替わるからです。今、和歌山が1位なんですが、愛媛県と和歌山県が競っていて、年度によって変わります。逆に1位が不動のものになると、特別な驚きが存在しない限り出題されにくくなります。

また三大○○は、必ず覚えたいですね。例えば、滝を覚えようと思うなら、まず「三大名瀑」から。次に祭りについて勉強しようと思えば、「日本三大祭り」から、など各ジャンルを学習する上でのとっかかりとなるのも、この三大○○です。中には「四大○○」や「五大○○」といったものもありますが、基本的に三大を覚えていれば大丈夫でしょう。

＼水上ポイント／

「○○の日本一」についてはたとえ知らなくても歴史、消費先、流通事情などから推測できることがある。根拠となる知識を広く持っていることが大切。

「三大○○」はクイズの華、特に一番マイナーなものこそ出題されやすい。

CATEGORY

あらゆる分野でトップのみが受賞できる
有名な賞

ノーベル賞と芥川賞、直木賞は全員覚えましょう

国際的な賞でいちばん重要なのは、やはり「ノーベル賞」でしょう。日本人は27人受賞しています。

アインシュタインは、3回くらいとっていてもおかしくありませんが、一番有名な「相対性理論」ではなく「光電効果」で一度だけ受賞。ノーベル賞を2回とっているのは、全部で4人。物理学賞と化学賞を1回ずつ受賞したキュリー夫人。化学賞と平和賞を受賞したライナス・ポーリング。そして物理学賞2回のジョン・バーディーンと化学賞2回のフレデリック・サンガー。このへんも要チェックです。

また、ノーベル賞のパロディと言える「イグノーベル賞」も重要です。かのドクター中松も受賞しています。

そして数学のノーベル賞と言われるのが「フィールズ賞」。これも日本人では、小平邦彦、広中平祐、森重文の3人がとっています。「ピューリッツァー賞」の写真部門を獲っているのが、当時の社会党委員長・浅沼稲次郎が刺殺された時の写真を撮った長尾靖、ベトナム戦争でその名を馳せた沢田教一、酒井淑夫の3人です。忘れてはならないのが、「芥川賞」と「直木賞」。それに「本屋大賞」も見逃せませんね。あとひとつ、漫画界のノーベル賞「アイズナー賞」もチェックしておきましょう。

必ず覚えたい有名な賞 1

イグノーベル賞

ノーベル賞のパロディで毎年、生物学、化学、数学、文学、平和などの分野において、「人々を笑わせ、考えさせる業績」に対して与えられる賞。1991年に科学ユーモア雑誌「ジャーナル・オブ・イレプロデューシブル・リザルト」誌の編集者であったマーク・エイブラハムズが創設。ノーベル賞創設者のアルフレッド・ノーベルの姓に否定的な接頭辞「Ig」をつけた造語で、下等な、下品な、見下げたという意味の「ignoble」を掛けたジョーク。これまで多くの日本人が受賞している賞でもある。

必ず覚えたい有名な賞 2

プリツカー賞

建築業界で最も権威ある賞の一つ。正式名称は Pritzker Architecture Prize。建築界のノーベル賞と称されている。1979年アメリカのホテルチェーンのハイアットの創業者一族、ジェイ・プリツカーとシンディ・プリツカーが創設。原則として1年に1人の建築家が表彰され、賞金10万ドルとブロンズメダルが贈られる。日本人受賞者は、故・丹下健三、槇文彦、安藤忠雄などがいる。

必ず覚えたい有名な賞 3

フィールズ賞

数学分野のノーベル賞ともいわれる国際的有名な賞。4年に1回

【第5章】 雑学・その他

235

開かれる国際数学者会議で、数学において最も優れた業績をあげた学者2～4人が選ばれる。原則40歳までの数学者と決められている。

トロント大学数学科教授であったフィールズ（J.C.Fields）の基金が寄付されて、1936年に創設された。日本では1954年に小平邦彦、1970年に広中平祐が、1990年に森重文が受賞している。

必ず覚えたい有名な賞 4

アイズナー賞

正式名称はウィル・アイズナー漫画業界賞という。アメリカで最も権威ある漫画賞の一つで、「漫画のアカデミー賞」と呼ばれている。アメリカの漫画の中で、最も創造的で革新的な作品が選ばれる傾向がある。この名前は、漫画家、ウィル・アイズナーに因んでいる。本人も2005年に死去するまで積極的に式典に参加していた。各受賞作は毎年、カリフォルニア州サン・ディエゴのコミコン・インターナショナルで発表される。

必ず覚えたい有名な賞 5

ノーベル賞

言わずと知れた、一般的に最も有名な世界的に権威のある賞。ダイナマイトの発明者であるアルフレッド・ノーベルの遺言に従って1901年に始まった。物理学、化学、生理学・医学、文学、平和、経済学の「5分野＋1分野」で人類の発展のために偉大な発明や発見をした人に贈られる。経済学賞は、ノーベルの恋敵が経済学者だったのでつくらなかったと言われている。スウェーデン国立銀行が1968年に設立したことから、正式にはアルフレッド・ノーベル記念経済学スウ

ェーデン国立銀行賞という。

> 必ず覚えたい有名な賞 6

マグサイサイ賞

　フィリピン大統領ラモン・マグサイサイの功績をたたえて創設された賞。毎年マニラ市のラモン・マグサイサイ賞財団により、アジア地域でアジアの地域社会に貢献した個人や団体に対して贈られるため、「アジアのノーベル賞」とも呼ばれる。政府、社会奉仕、社会指導、報道・文学・創造的情報伝達、平和・国際理解、新興指導者の6部門がある。おもな受賞者に第14代ダライ・ラマや、マザー・テレサなどがいる。日本の受賞者では、黒澤明、元国連難民高等弁務官の緒方貞子がいる。

📖 ウルフ賞

　1978年にイスラエルの外交官リカード・ウルフが創設した賞で、農業・化学・数学・医学・物理学・芸術の各分野において優れた功績を残した人に賞状と賞金10万米ドルが贈られる。ウルフ賞の物理学部門と化学部門は、ノーベル賞と同等のレベルと言われ、実際ウルフ賞受賞後、ノーベル賞を手にする学者も少なくない。日本人では、南部陽一郎や小柴昌俊、山中伸弥が受賞している。

📖 ハクスリー記念メダル

　イギリスの王立人類学研究所から、人類学の分野で素晴らしい功績をあげた者に贈られる賞。人類学者における最高の栄誉とされる。

【第5章】　雑学・その他

ハックスリー記念メダルとも言われる。1900年、生物学者のトマス・ヘンリー・ハクスリーの業績をたたえるために設立。王立人類学研究所の理事会によって受賞者が決定される。

📖 グローバル・ティーチャー賞

2015年、世界の教育に大きく貢献した教師を表彰するために、英イギリスの国際教育機関「バーキー財団」が設立した賞。教育界のノーベル賞と称されている。2016年には、世界148か国、約8,000人の教師が応募した。賞金は100万ドル。

📖 芥川龍之介賞

芥川賞と略されることが多いが、正式には芥川龍之介賞。「羅生門」や「芋粥」「地獄変」などの作品を世に遺した芥川龍之介の死後、1935年に芥川龍之介を記念して創設された文学賞。この賞は、年2回の授賞が行われ、文学作家の登竜門としての役割が大きい。第1回受賞者は石川達三。クイズに最も出やすいため受賞者とその作品を覚えておくことは必須。

📖 直木三十五賞

一般的には直木賞と言われる。直木三十五は、作家のみならず、脚本を書き映画監督も務めたクリエイター。文藝春秋社の当時社長、菊池寛が交流の深かった直木三十五を記念し、芥川龍之介賞とともに創設。文学的な芥川賞に比べてエンターテインメント性が高い傾向にある。

> 傾向

「ノーベル賞」を受賞した日本人27人を覚えるのは、基本中の基本。またレントゲンが物理学賞を受賞した第1回は、全員覚えた方が得策です。「ノーベル平和賞」と「オリンピック」陸上競技で銀メダルを獲得したイギリスのフィリップ・ノエル=ベーカーもよくクイズに出題されます。

「イグノーベル賞」も日本人が数多く受賞しており、チェックが必要です。また、建築家に与えられる「プリツカー賞」も丹下健三や磯崎新といった巨匠が受賞していることから、出題される可能性もあります。「アイズナー賞」はこれから注目を集めそうです。

「芥川賞」「直木賞」は、作家名と経歴、受賞作を覚えるのは避けて通れません。必ず覚えておいた方がいいと思っています。

水上ポイント

「ノーヘル賞」の日本人受賞者は、すべて覚えておこう。
日本人が数多く受賞している「イグノーベル賞」もチェック。
「フィールズ賞」「ピューリッツァー賞」も押さえましょう。
「芥川賞」「直木賞」は受賞作と共に全員覚えよう!

【第5章】雑学・その他

CATEGORY

26人と1団体が受賞した
国民栄誉賞

クイズ作りのネタの宝庫 全員を覚えておこう

国民栄誉賞とは、「広く国民に敬愛され、社会に明るい希望を与えることに顕著な業績があったものについて、その栄誉を讃えることを目的とする」として1977年、当時の総理大臣・福田赳夫が創設しました。記念すべき一人目は、ホームラン世界記録を更新した王貞治です。

「広く国民に敬愛され」という点から受賞者は野球選手だけではありません。森光子、森繁久彌などのトップ俳優や世界の黒澤明と呼ばれる映画監督、前人未到の永世七冠を手にした羽生善治棋士や、永遠の冒険家、植村直己など、分野は様々。

ワールドカップで日本初の優勝したなでしこジャパンはチームで受賞しています。これまで受賞したのは、26人と1つの団体、これらはすべて覚えておきましょう。

しかし選ばれた人全員が受賞したわけではありません。プロ野球界で盗塁の世界記録を樹立した福本豊や作曲家・古関裕而、そして最近ではメジャーリーガーとして数々の記録を打ち立てたあのイチロー選手も、固辞しています。イチロー選手に限っては、なんと4度にわたって断りを入れているのです。これもクイズに出るでしょう。

よく出題される問題

QUESTION 1
植村直己が「冒険の何よりの前提」と語ったものは？

QUESTION 2
山下泰裕が打ち立てた公式戦連勝記録は何連勝？

QUESTION 3
1988年4月11日、東京ドームのこけら落しとして美空ひばりが行ったコンサートの名前は？

QUESTION 4
国民栄誉賞受賞者のうち力士は2人。大鵬と誰？

QUESTION 5
映画『スター・ウォーズ』のモデルになったとされる黒澤映画は？

【第5章】雑学・その他

A. ①生きて戻ってくること ②203連勝 ③不死鳥コンサート ④千代の富士貢
⑤『隠し砦の三悪人』

必ず覚えたい国民栄誉賞 1

植村直己

（冒険家　1984年4月19日受賞）世界五大陸の最高峰登頂。アマゾン川単独河下りや北極点単独犬ぞり到達、グリーンランド単独犬ぞり縦断など数多くの冒険をしていた。1984年、43歳の誕生日に世界初のマッキンリー冬期単独登頂を達成。しかし翌日から連絡が取れなくなり、2度の捜索が行われたが、発見されることはなかった。享年43歳。

必ず覚えたい国民栄誉賞 2

山下泰裕

（柔道選手　1984年10月9日受賞）柔道の大会では、連勝のまま引退をしたため、203連勝（引き分け含む）という連勝記録をつくり、畳を降りた。さらに外国人選手には、116勝無敗3引き分けで生涯無敗。引退後は、全日本柔道男子強化ヘッドコーチや国際柔道連盟教育コーチング理事など柔道界に貢献した。2019年から、日本オリンピック委員会(JOC)会長を務めている。

必ず覚えたい国民栄誉賞 3

美空ひばり

（歌手　1989年7月6日受賞）12歳という若さで歌手デビュー。「天才少女歌手」として話題を集め一躍有名となった。その後は歌謡曲や映画、舞台で活躍し、昭和の「歌謡界の女王」と言われるほど

の人気と実力を兼ね備えていた。戦後最も国民に愛された歌手といってもいいだろう。さらに作詞も手がけていた。「草原の人」という曲では、加藤和枝の名前で作詞し、つんくが作曲、松浦亜弥が歌った。女性としては、史上初の国民栄誉賞を受賞。

必ず覚えたい国民栄誉賞 4

千代の富士貢

（大相撲力士　1989年9月29日受賞）千代の富士は、大柄な関取とは異なり、細身の筋肉質な体と端正な顔立ちで女性からの人気も高かった。もちろんルックスだけでなく、大きな関取を投げ飛ばし、幕内優勝31回を記録。昭和63年には53連勝（当時歴代2位）を記録。昭和最後の優勝力士となった。長い間相撲界を牽引し、日本中に「ウルフフィーバー」が広がった。

必ず覚えたい国民栄誉賞 5

黒澤明

（映画監督　1998年10月1日受賞）数々の不朽の名作が国民に深い感動を与え、世界の映画史に輝かしい足跡を残した。代表作『羅生門』『生きる』『七人の侍』をはじめとし30本の監督作品を生んだ映画界の巨匠。ベネチア、カンヌ、ベルリンの世界三大映画祭で最高の賞やアカデミー名誉賞を受賞。『スター・ウォーズ』の監督ジョージ・ルーカスやスティーヴン・スピルバーグなどの海外の有名映画監督も黒澤の映画に大きく影響を受けている。

【第5章】 雑学・その他

【野球選手】

📖 王貞治

（プロ野球選手　1977年9月5日受賞）プロ野球でホームラン世界記録（756本）達成した。

📖 衣笠祥雄

（プロ野球選手　1987年6月22日受賞）プロ野球の連続試合出場で世界新記録達成した。

📖 長嶋茂雄

（プロ野球選手・監督　2013年5月5日受賞）野球史に輝かしい功績を残し、多大な貢献をした。さらには国民的スターとして社会に明るい夢と希望を与えた。

📖 松井秀喜

（プロ野球選手　2013年5月5日受賞）日本人として世界の野球界に大きな功績と新たな足跡を残した。

【スポーツ選手】

📖 高橋尚子

（陸上競技選手　2000年10月30日受賞）2000年シドニー五輪女子マラソンで優勝し、陸上競技で日本女子初の金メダルを獲得した。

📖 なでしこジャパン

（女子サッカーチーム　2011年8月18日受賞）日本チーム初のサッカーワールドカップ優勝。最後まで諦めない姿勢が東日本大震災の被災者らに勇気を与えた。

📖 吉田沙保里

（レスリング選手　2012年11月7日受賞）世界選手権とオリンピック合わせて13大会連続で世界一を達成した。

📖 大鵬幸喜

（大相撲力士　2013年2月25日受賞）当時、史上最多の32回優勝（現在は白鵬）を達成、昭和の大横綱として国民的英雄となった。

📖 伊調馨

（レスリング選手　2016年10月20日受賞）オリンピック史上初の女子個人4連覇という世界的偉業を成し遂げた。

📖 羽生結弦

（フィギュアスケート選手　2018年7月2日受賞）フィギュアスケート日本男子シングルで初の金メダル。また66年ぶりのオリンピック連覇など。

【作曲家】

📖 古賀政男

（作曲家　1978年8月4日受賞）多くの「古賀メロディー」の作曲による業績。また音楽を通じて平和活動にも勤しんだ。

📖 服部良一

（作曲家　1993年2月26日受賞）数多くの歌謡曲を作り、国民に希望と潤いを与えた。

📖 吉田正

（作曲家　1998年7月7日受賞）2400曲を超える「吉田メロディー」の作曲により、国民に夢と希望と潤いを与えた。

📖 遠藤実

（作曲家　2009年1月23日受賞）広く国民に愛される多数の歌謡曲を世に送り出し、国民に希望と潤いを与えた。

【その他】

📖 長谷川一夫

（俳優　1984年4月19日受賞）卓越した演技と映画演劇界への貢献。

📖 藤山一郎

（歌手　1992年5月28日受賞）歌謡曲を通じて国民に希望と励ましを与え、美しい日本語の普及に貢献。

📖 長谷川町子

（漫画家　1992年7月28日受賞）漫画「サザエさん」を通じて戦後の日本の社会に潤いと安らぎを与えた。

📖 渥美清

（俳優　1996年9月3日受賞）映画「男はつらいよ」シリーズで、人情味豊かな演技で国民に喜びと潤いを与えた。

📖 森光子

（俳優　2009年7月1日受賞）舞台「放浪記」の主演を2000回以上務め、国民に夢と希望と潤いを与えた。

📖 森繁久彌

（俳優　2009年12月22日受賞）映画、演劇、放送の芸能分野で長年にわたり第一線で活躍し、優れた演技と歌唱により国民に夢と希望を与えた。

羽生善治

（将棋棋士　2018年2月13日受賞）20代で将棋界史上初の7タイトルすべてを独占。さらには初の永世7冠という偉業を達成した。

📖 井山裕太

（囲碁棋士　2018年2月13日受賞）囲碁界初の2度の7冠同時制覇という歴史に刻まれる偉業を達成し国民に夢と感動を与えた。

傾向

バリエーションに富んだ「国民栄誉賞」は、まさにクイズにピッタリ。「国民栄誉賞の受賞者の内、力士は誰と誰?」といったクイズや「長谷川という名字の受賞者は、誰と誰?」など、まさにクイズをつくるネタの宝庫でもあります。なので、国民栄誉賞は必ず全員を覚えましょう。

受賞のタイミングが、記録達成、引退、死去など様々なことから、受賞の順番に、あまりこだわる必要はありません。

その代わり同じジャンル、例えば「野球界で受賞したのは、誰?」と聞かれたら、王貞治、衣笠祥雄、長島茂雄、松井秀喜とすぐに、答えられるようにしておいてください。

さらに漫画家の長谷川町子。陸上競技選手の高橋尚子。フィギュアスケート選手の羽生結弦など、その道で一人だけ選ばれている選手も要チェックです。

＼水上ポイント／

「国民栄誉賞」受賞者は、全員覚えておこう。
受賞順番は、あまりこだわらず、同じ名前やジャンルなど特徴を分けて覚えられるといいね。
一人だけ選ばれている人も、要チェック。

CATEGORY

クイズのベタ問、
書き出し・一節

知った気になっているより、もう一度おさらいを

　有名作品はストーリー展開、登場人物も大事なんですが、クイズでは書き出しがすごく大事になってきます。読者が最初に目にする一行は、作家が全身全霊をかけて編み出す最初の一行なのです。特別有名なものに、川端康成の『雪国』があります。あなたは、その書き出しを正確に知っているでしょうか。有名なものほど知った気になっていることは案外多いものです。

　「国境の長いトンネルを抜けると雪国であつた」ですが、この冒頭の「国境の」を忘れがちです。また、ここを「くにざかい」と読むのか「こっきょう」と読むのか論争があるぐらいです。さらに「そこは雪国であった」と覚えていませんか。「そこは」は入りません。

　夏目漱石の小説『こころ』だと、「私はその人を常に先生と呼んでいた」という書き出しです。

　本が1冊あったら、多分一番重要なのは、書き出しの一文。書き出し自体がその作品の全体の印象を決めてしまう部分ということもあり、クイズでは一般教養として重要になってきます。

　覚えておくべきなのは代表作1作家3つぐらいで、その書き出しも覚えるとよいでしょう。

【第5章】雑学・その他

249

📖 銀河鉄道の夜　宮沢賢治

「ではみな/さんは、そういうふうに川だと言われたり、乳の流れたあとだと言われたりしていた、このぼんやりと白いものがほんとうは何かご承知ですか」先生は、黒板につるした大きな黒い星座の図の、上から下へ白くけぶった銀河帯のようなところを指しながら、みんなに問をかけました。

📖 檸檬　梶井基次郎

えたいの/知れない不吉な塊が私の心を始終圧えつけていた。焦躁しょうそうと言おうか、嫌悪と言おうか——酒を飲んだあとに宿酔があるように、酒を毎日飲んでいると宿酔に相当した時期がやって来る。それが来たのだ。

📖 蟹工船　小林多喜二

「おい/地獄さ行ぐんだで!」

📖 風の歌を聴け　村上春樹

「完璧な/文章などといったものは存在しない。完璧な絶望が存在しないようにね」

📖 奥の細道　松尾芭蕉

月日は/百代の過客にして、行き交ふ年もまた旅人なり。

📖 風の又三郎　宮沢賢治

どっど/ど　どどうど　どどうど　どどう
青いくるみも吹きとばせ

📖 方丈記　鴨長明

行く川/のながれは絶えずして、しかも本の水にあらず。よどみに浮ぶうたかたは、かつ消えかつ結びて久しくとゞまることなし。

📖 破戒　島崎藤村

蓮華寺/では下宿を兼ねた。瀬川丑松が急に転宿を思ひ立つて、借りることにした部屋といふのは、其蔵裏つゞきにある二階の角のところ。

📖 夜明け前　島崎藤村

木曾路は/すべて山の中である。あるところは岨づたいに行く崖の道であり、あるところは数十間の深さに臨む木曾川の岸であり、あるところは山の尾をめぐる谷の入り口である。

📖 舞姫　森鴎外

石炭を/ば早や積み果てつ。中等室の卓のほとりはいと静にて、熾熱燈の光の晴れがましきも徒なり。

📖 窓際のトットちゃん　黒柳徹子

自由が丘の駅/で、大井町線から降りると、ママは、トットちゃんの手をひっぱって、改札口を出ようとした。

📖 明暗　夏目漱石

医者は/探^{さぐり}を入れた後で、手術台の上から津田^{つだ}を下ろした。

📖 共産党宣言　マルクスとエンゲルス

一つの妖怪/がヨーロッパにあらわれている、――共産主義の妖怪が。

📖 城崎にて　志賀直哉

山の手線の/電車に跳ね飛ばされて怪我をした、其後養生に、一人で但馬の城崎温泉へ出掛けた。

📖 草枕　夏目漱石

やまみちを/登りながら、こう考えた。

📖 こころ　夏目漱石

私は/その人を常に先生と呼んでいた。だからここでもただ先生と書くだけで本名は打ち明けない。

📖 どくとるマンボウ航海記　北杜夫

マダガスカル島には/アタオコロイノナという神さまみたいなものがいるが、これは土人の言葉で「何だかへんてこりんなもの」というくらいの意味である。

📖 初恋　島崎藤村

まだあげ/初めし前髪の林檎のもとに見えしとき前にさしたる花櫛の花ある君と思ひけり

（※クイズ研究会の達人たちは青字とスラッシュまでで答えている）

> **傾向**

　有名作品の書き出し問題が多く、書き出しからその本のタイトルと著作者名を言えるというのも非常に重要です。

　早押しクイズでは、書き出し部分を出題された時に、その答えを瞬時に答えることが、番組映えしてすごくかっこよく見えます。

　だから書き出し問題は一大トピックになっています。

　『こころ』から始まる書き出しはおそらく、一番よく出題されます。

　<u>競技かるたと同じように頭4文字で反応できるくらい仕上げていくといいでしょう</u>。しかし外国文学の書き出しが出題される事はまずありません。なぜなら、訳者によって文章が変わるからです。

　書き出しは、基本的にクイズ研究会のベタ問とされています。

水上ポイント

有名作品は1作家、3作品を目安に一通り、読んでおさらいしておこう。
国内作品を中心にクイズでは頭4文字が勝負！
基本的にベタ問が多いので、ここに書かれたものは、丸暗記するつもりで覚えよう。

おわりに

クイズは人生をより楽しくしてくれる！

　クイズをやって、知識が増えていくと、物事をより深く楽しむことができるようになります。小学生や中学生のときに、科学館や博物館に行くと、これまで見たことのないものが並んでいて、新鮮でワクワクした記憶はありませんか。

　そこに静電気を発する「ヴァンデグラフ起電機」が展示されていて、触ると、静電気で髪の毛まで逆立つ。子供なら、それだけで無条件に面白いでしょう。しかし、少しずつ大人になっていく段階で、どのようにして静電気が起きるのか、「ヴァンデグラフ」は、ヴァンデグラフという物理学者が発明したのだ、などを知ると、もっと楽しくなってくるでしょう。

　クイズの楽しさとは、このような楽しさなのです。今まで知らないことを知ると、その奥にはどんどんと知らない世界が広がってきます。先ほどのヴァンデグラフさんはどのような人生を送ったのか、またこの発明が次にどんな発明を生むのか。それは今、私たちの社会の中で、どのように活用されているのか。

　このような興味をかり立たせるのもクイズの魅力です。

　クイズに取り組むこと自体が楽しいし、クイズによって得た知識によって今生きている社会も楽しくなります。

人生100年時代、生涯学習という言葉を、最近よく耳にしますが、その100年間をより楽しむための手段として、少なくとも僕はクイズをやっているのだと思います。

　クイズには、競技として楽しむクイズと自分の知らないことを学び、頭の中で様々なものを創造するためのクイズがあります。
　本書の中では、主に競技の話をしました。競技として楽しむには、勝てばうれしいし、負けると悔しいでしょう。
　しかし自分の知識欲を満たすためのクイズを楽しむには、勝ち負けは関係ありません。みなさんには、この両方の楽しさを知ってもらいたいと思います。
　今の僕にとってのクイズは、人生です。競技クイズにおけるルールから自由になり、本当の意味でクイズを楽しんでいるという感覚ですね。

　これまで自由気ままにクイズをやってきた僕に何が残せるのかということを考えたことがあるのですが、その時、頭に浮かんだのが、自分がやってきたことをそのまま残す、この「水上ノート」です。僕は、これから研修医になるため、一時、テレビやメディアから離れますが、このクイズブームがもっと広がり、今以上に大きなクイズ大会ができればいいなと思っています。
　その時、あなたが参加するためにこの本を活用していただけたら幸いです。

255

水上 颯（みずかみ・そう）
1995年生まれ。私立開成高等学校卒業、東京大学医学部に在学中。高校時代には第32回全国高等学校クイズ選手権に出場し優勝。公益財団法人孫正義育英財団の財団生（平成29年度以降）にも選ばれており、その「異能」は孫正義も認める逸材。現在はTBS「東大王」にて東大王チームとしてレギュラー出演中。
著書に『天才頭脳・水上颯の「最強クイズ全書」』（KADOKAWA）シリーズがある。

みずかみ
水上ノート
とうだい　　　ずのう　つく　　きゅうきょく　ちりょく
東大No.1頭脳が作った究極の「知力アップ」テキスト

2020年3月27日　初版発行

みずかみ　そう
著者／水上 颯

発行者／川金 正法

発行／株式会社KADOKAWA
〒102-8177　東京都千代田区富士見2-13-3
電話 0570-002-301(ナビダイヤル)

印刷所／株式会社暁印刷

本書の無断複製（コピー、スキャン、デジタル化等）並びに
無断複製物の譲渡及び配信は、著作権法上での例外を除き禁じられています。
また、本書を代行業者などの第三者に依頼して複製する行為は、
たとえ個人や家庭内での利用であっても一切認められておりません。

●お問い合わせ
https://www.kadokawa.co.jp/（「お問い合わせ」へお進みください）
※内容によっては、お答えできない場合があります。
※サポートは日本国内のみとさせていただきます。
※Japanese text only

定価はカバーに表示してあります。

©Sou Mizukami 2020　Printed in Japan
ISBN 978-4-04-604638-3　C0095